本科生创新

OPCE

理念与实践

主编　郑直　贾晓红

WUHAN UNIVERSITY PRESS
武汉大学出版社

图书在版编目(CIP)数据

本科生创新 OPCE 理念与实践/郑直,贾晓红主编.—武汉：武汉大学出版社,2022.5(2025.10 重印)
ISBN 978-7-307-22842-9

Ⅰ.本…　Ⅱ.①郑…　②贾…　Ⅲ.高等学校—创造教育—研究
Ⅳ.G640

中国版本图书馆 CIP 数据核字(2022)第 014085 号

责任编辑:郭　静　　　责任校对:李孟潇　　　版式设计:马　佳

出版发行：**武汉大学出版社**　(430072　武昌　珞珈山)
(电子邮箱：cbs22@whu.edu.cn　网址：www.wdp.com.cn)
印刷:武汉邮科印务有限公司
开本:720×1000　1/16　印张:13.25　字数:197 千字　插页:2
版次:2022 年 5 月第 1 版　　2025 年 10 月第 3 次印刷
ISBN 978-7-307-22842-9　　定价:42.00 元

编委会

主　编：郑直　贾晓红

副主编：张艳鸽　贾会敏　郭珊珊

编　委：郑　直　贾晓红　张艳鸽

贾会敏　郭珊珊　刘培蕾

何伟伟　鞠志宇　陈建国

吴国玺　高远浩　李慧娜

前　言

许昌学院是河南省省属普通地方本科院校，是河南省首批示范性应用型本科院校，是全国地方高校转型发展的先行者。“OPCE”(Open，Practical and Creative Education)是许昌学院围绕立德树人根本任务，贯彻落实人才强国、建设创新型国家发展战略，以科研反哺教学为基本路径，经过长期改革实践，总结凝练的本科生创新能力培养的教育教学理念。其中“Open”是指通过开放的人才培养模式，培养学生的整体性创新思维，是OPCE的基本指导思想，而“开放的人才培养模式”的构建包括了开放的课程体系、开放的教学模式、开放的教学评价体系、开放的创新平台、开放的师资队伍等要素；“Practical”是指以项目研究形式引导学生参与技术创新实践，是在导师引领、项目依托、校企协同、团队合作前提下的实践活动，这是OPCE的实现路径；“Creative”是指本科教育的一个重要目标是对学生创新思维、创新能力的培养，与之相并生的是教学相长，是师生共同努力下创新成果的培育和产出，这是OPCE实施的目标，也是成果。

当今世界，科技创新已成为人类社会发展的重要引擎。科学技术的飞速发展，尤其是信息技术的更新迭代所带来的信息轰炸，正深刻影响着人们的知识观、人才观和教育观，创新能力早已成为人才能力结构的第一要素。2006年1月，胡锦涛总书记在新世纪第一次全国科技大会上强调，实施科教兴国、人才强国战略，把增强自主创新能力作为发展科学技术的战略基点，把建设创新型国家作为面向未来的重大战略选择。这是党中央国务院做出的事关我国社会主义现代化建设全局的重大战略决策。2014年，习近平总书记在中央财经领导小组实施创新驱动发展战略研究会议上提出

“创新驱动的实质是人才驱动”，并在 2018 年全国教育工作大会上再一次强调了推进产学研协同创新，着重培养创新型、复合型、应用型人才的要求。

可见，国家发展战略对创新人才培养的要求已经非常急迫，然而在过去相当长的时间内，这一要求并没有引起本科院校管理者的高度重视。高等教育普遍存在着一个观念上的误区，将创新能力等同于科学研究能力，从而将创新能力培养的重心和责任归属于研究生教育阶段，而本科生创新一直未得到足够的重视。尤其在地方本科院校中，很多高校管理者认为本科应用型人才培养定位应该强调的是知识应用和实践能力培养，相比之下创新能力培养似乎显得并不十分重要。

然而事实是，大学为社会人才市场提供的毕业生中 85%是本科生，本科层次的人才队伍是国家社会主义建设的主力军，也是推动创新型国家战略实施的重要力量。如果我们忽视了本科生群体创新能力的培养，就会直接影响创新型国家建设的人才队伍整体水平。因此，本科教育是大学的根和本，而本科生创新能力的培养是本科教育的重要任务。《国家中长期科学和技术发展规划纲要(2006—2020)》早就提出：“鼓励本科生投入科研工作，在创新实践中培养他们的探索兴趣和学科精神。”从而为本科生创新教育指出了有效的路径选择。

许昌学院早在 2007 年就开始探索科研与教学相结合促进本科生创新能力培养的教学改革之路。我们首先在应用化学、化学工程与工艺等专业试点试行，初步实施本科生导师制，鼓励部分教师尝试结合教学内容，利用课余时间带领部分本科生参与自己的科研项目研究活动。经过几年的探索，喜人的育人成效逐步凸显，参与这项教学改革的学生不仅专业课程成绩明显提升，而且考研录取率大大提高，更令人欣慰的是，本科毕业生在走上工作岗位不长的时间内就能够脱颖而出，表现出明显超出同专业其他毕业生的专业水平、工作能力和创新能力，受到用人单位的普遍好评。在此基础上，2014 年，我们总结前期改革经验，进一步完善了理论体系构建，凝练确立了“开放 · 实践 · 创新”的教育(OPCE)改革理念，明确了科研反哺教学的基本思路，并在 OPCE 理念指导下，进一步完善改革制度、管理机制和改革措施，在课程体系建设、教学模式改革、师资队伍建设、创新平台建设、创新文化建设、课程思政建设等实践层面全面开展了教育教学改革，将改革成果惠及全体教师和学生。如在应用化学、化学工程与工艺、纳米材料与技术、材料科学与工程、新能源材料与器件等专业设置了《开放平台创新实践》必修课程，全面实施全员本科生导师制等。目前，OPCE 改革理念和措施已在许昌学院理工科专业全面推广实施，各专业以科研反哺教学为核心，根据自身专业特点，采取了多种形式的改革举措，取得了显著成效。

十四年磨一剑，经过十四年不断的理论探索与实践，我们以科教融合为突破口，在创新教育理论基础上，在 OPCE 理念指导下，深入开展课程体系、教学模式、学业评价、激励制度、师资与条件保障等全员、全要素、全过程的改革，构建了一套逐步成熟完善的“产、学、研、教、创一体化”本科生创新教育教学体系，创新人才培养成效显著。实现了课程体系由“知识导向”的“理论+实践”板块式结构转变为“能力导向”的“理论·实践·创新”深度融合式结构；教学模式由“教师中心”的知识传授模式转变为“学习中心”的研究式学习模式；教学场所由“以课堂为主战场”向“以协同创新平台为主战场”的转变；学业评价由只注重知识学习成果的终结性评价转变为注重过程和情感、能力的多元化评价；教师角色由知识灌输者转变为学生研究性学习活动的引导者、合作者；学生角色由被动的知识接受者转变为探究活动的自主设计者和主动参与者。改革措施和成果有效解决了本科生创新能力水平不能满足创新型国家战略的人才要求、教师科研与教学“两张皮”、传统封闭的教学模式不能为本科生创新活动提供有力支持等地方应用型高校普遍存在的问题。在改革过程中，不仅学生的创新能力得到了显著提升，同时教师的教研和横向科研能力也得到了显著提升，教学相长效果显著。

编著本书的目的是希望我校本科生创新能力培养的理念和成功经验能够给其他兄弟高校以启发，希望本科生创新教育的教学改革实践在祖国的大地上百花齐放，从而促进创新型国家建设队伍中本科层次人才队伍整体水平的快速提升。

本书共分六个章节，分析了应用型高校理工科学生创新能力培养的背景与意义、理论构建和实践成果，内容主要包括新时代应用型高校本科教育的根本任务、应用型理工科人才创新能力要素、OPCE 育人理念的内涵、OPCE 育人体系的构建、OPCE 人才质量评价体系的构建，并精选了五个许昌学院 OPCE 育人实践的成功案例。其中第一章完成人为郑直；第二章完成人为贾晓红；第三章完成人为刘培蕾、陈建国；第四章完成人为张艳鸽、贾会敏、郭珊珊、刘培蕾、何伟伟、李慧娜；第五章完成人为郭珊珊、吴国玺；第六章完成人为郭珊珊、张艳鸽、贾会敏、鞠志宇、高远浩。

本书编著时间仓促，编著者水平所限，难免有不周和错误之处，恳请读者提出宝贵意见，以便完善。

编者

2021 年 11 月 30 日

目　　录

第一章　后信息时代本科生创新教育反思与探索

20 世纪末，美国未来学家尼葛洛庞蒂认为数字比特的重要性将超过实物原子，并将深刻地改变社会形态，在《数字化生存》一书中首次提出“后信息时代”(Post Information Age)概念。这是一个继电气时代和信息时代后的一个新时代，其根本特征是实现了“真正的个性化”。目前这一提法正在变成现实并逐渐被人们所接受，各类终端+互联网的普遍存在深刻改变了人类的生产和生活方式、文化结构和社会秩序，特别是数字化的生存状态将使人类思想获得最大的解放。进入 21 世纪，丹尼尔·平克在左右脑思维方式研究的基础上，提出一种全新的创感时代(Conceptual Age)观，是一个更加强调创造性思维的时代，实际上也是对后信息时代的一种表达。电脑终端虽然可以部分代替人的左脑思维，但综合性、创造性的全脑思维、共情能力和全局能力显然在未来社会中将发挥更大的作用①。后信息时代的一个显著特征就是高度发达的互联网、人工智能、大数据和区块链等技术的普及，人们获取信息已不再受时空限制，除了积极意义之外，这也从正反两个方面深刻影响着人类的学习、交流方式和社会的发展。信息资源给我们带来极大方便的同时，也导致了“信息沉睡”“信息污染”等严重问题，以及由此衍生的“蜻蜓点水”“不劳而获”学习方法和态度的蔓延。通过广泛和深入开发信息资源，人们解决了工业时代生产过剩、经济内卷等一系列

① 耿亮，黎加厚. 丹尼尔·平克的后信息时代观及其教育启示[J]. 上海师范大学学报(基础教育版)，2009，38(5)：9-12.

问题，而要彻底解决人类内在自身性问题，则需要开发那些存在于人类自身的创意资源并催生出创意社会①。“创感时代”和“创意社会”的概念都是对后信息时代独特的阐释，也都给后信息时代贴上了明确的“创新”标签，这种全新理念的产生在理论和实践的各个层面都无疑会给未来的高等教育带来巨大冲击。

第一节　后信息时代的信息观、知识观、人才观和教学观

互联网、人工智能和大数据是后信息化时代来临的技术标识。1965年，戈登·摩尔预测，每过18个月集成电路芯片上的电路的数目和性能将增长一倍，成本下降一半。时至今日这一定律仍可适用。这是信息化时代发展的物质基础。这导致了信息的产生及获取成本、处理成本、存储载体成本、复制成本和传播成本的大幅度下降，由此对社会生活的各方面发生了巨变式的影响。

一、后信息时代的信息观

按照信息学创始人香农的观点，信息的意义在于减少了不确定度。例如我们在出行前希望得到天气的信息以决定是否带雨具，穿多少衣服，也就是信息为决策提供了服务。正确、及时、充足的信息有助于做出正确的决策。1815年6月18日，在比利时首都布鲁塞尔进行着一场决定整个欧洲走向的战役。由于罗斯柴尔德家族在6月19日清晨率先获得了滑铁卢战役的结果，而直到6月21日晚11点，正式的消息才终于到达伦敦，这个信息的时间差让罗斯柴尔德家族狂赚了20倍！一举成为英国政府最大的债权人！

---

① 谢俊贵. 信息社会之变：大数据催生创意社会[J]. 广东社会科学，2016，(5)：185-195.

进入后信息化时代，信息的生命周期中各环节都产生了巨大的变化。首先是信息的产生速度大大增加。海量的自动化设备，如卫星照相、自动化工厂、气象站、地震观测点，每时每刻都在记录着各类信息。普通的民众也在创建着大量的各式购物、聊天、分享、出行等信息。其次是信息将以数字化和电子化的形式存储，并在网络上以光速进行传播，存储成本低、存储量大、传播速度快。最后是信息的收集和处理要计算机辅助。这一点每人都在做但很少有人认识到。比如我们现在所用的百度搜索、google、web of science 等背后都是有智能的信息处理程序存在。这些程序会针对我们的问题在海量的数据中找到我们可能所需的内容。如果没有这些搜索引擎很难想象我们如何在信息的海洋中找到所需的信息之针。

表 1-1　信息特性演变表

	前信息化时代	后信息化时代
信息采集方式	人工	自动
信息产量	很少	海量
信息获取成本	高	极低
信息传播途径	以物理传播为主、单一	以电子传播为主多样
信息处理方式	人工	自动
困难环节	信息收集及传输	有用信息的提取处理和干扰的排除

古往今来信息的作用一直没有改变，改变的只是其中的运行方式。其中最大的差别在于以前的难点是如何收集到足够的信息并能及时地传输到需求者手中。而现在的难点是如何处理海量的信息并将其中海量的无用信息和干扰信息排除掉。比如我们会先用百度搜索网络爬虫等缩小信息量，从千万级的数据中选出来几百或几千条信息，再进一步用人或机器处理判断哪些是正确的哪些是错误的，哪些更为有用。

后信息时代互联网、大数据和区块链的普及和协同给高等教育带来了巨大变革的机遇，这不能简单理解为信息技术与传统教学的嫁接和运用，而是对整个人类未来高等教育的理念、模式、方法、文化和生态等向创新思维模式多角度、全方位的转向与变革。

二、后信息时代的知识观

知识，至今也没有一个统一而明确的界定。有一个经典的定义来自于柏拉图：一条陈述能称得上是知识必须满足三个条件，它一定是被验证过的，正确的，而且是被人们相信的。实际上知识本质上仍属于信息的范畴，是具有更大适用性和更长时效性的普适信息。例如，一个人只掌握一所房子的建造信息而不懂相关的建造原理，他可能只会仿造同样的房子，却很难做创新性的建筑设计，除非他掌握了力学、建筑学等专业知识，才能够设计更多种类和构造的房子。正是基于此，一直有一种说法就是“知识就是力量”。

其实在古代社会，无论信息的载体成本、复制成本或者传播成本都非常高，以至于除了真正的知识以外，那些重要性不高的信息就不会被人们记录和传播。由于早期知识的呈现大部分都是先验性的，是整个人类在长期生产和实践经验基础上总结出的，因此其呈现形式是相对稳定和静态的。尤其是在古代，由于信息和知识的极度匮乏并且更新缓慢，导致知识的威力非常巨大，以至于纯粹知识的掌握量不仅决定了一个人的能力，有时甚至可以改变其前途命运。中国古代社会常用的“学富五车”，就是根据知识的绝对拥有量来赞赏拥有大学问之人。现代科学主义则认为，知识是人类对客观世界本质属性的客观反映，因此是实证的并且必须经过观察、实践和实验验证。这种产生于西方近代科学革命的现代科学主义知识观认为知识是客观、普遍和可靠的，不应受到个人因素所左右，是价值中立的①，曾

① 安世遨．知识观的嬗变与教育管理变革[J]．教育理论与实践，2015，35(10)：17-21.

一度极大推动了科学技术的发展。但其局限性在于，把实证作为衡量知识的唯一标准，却没有认识到理性思维在认知活动中的巨大潜力和作用，忽视了人类自身所需要的全面发展和自我实现。

在后信息时代，随着数字化信息载体的日益发展，各类载体本身及其复制和传播成本都大幅度降低，同时，信息传播途径也更加多向化，更新换代周期一再缩短，新知识的产生越来越呈现出快速化和巨量化的特点，其呈现特征也表现出强烈的泛在化、动态化和多元化趋势①。一方面"知识大爆炸"时代任何个人拥有的知识对于本学科领域的知识总量来说都只是沧海一粟，当各种知识和信息的巨浪扑来，每个个体都不免会产生强烈的无力感，无论是相对宽泛的自由学习，还是去往纵深层次的研究都变得更加困难和难以把握。而另一方面，随着信息科学和相关技术的迅猛发展，大数据和区块链的普及使得信息开放度不断增大，绝大部分人类已有的知识都变得唾手可得，尤其是各类知识碎片在互联网中像是海滩上无尽的浪花和泡沫一样应接不暇，使得人们更愿意进行不用思考的快餐式碎片化学习。

要应对"知识大爆炸"就首先要对这个现象进行深层次的分析。笔者认为在后信息时代的知识大爆炸绝大多数只是各领域细节知识的爆炸，而核心的知识并没有根本性的变化。例如在建筑领域，受力分析还是牛顿力学的概念，但由于各种新材料的应用产生了大量的规范，如各种水泥和钢材强度数据，预制件尺寸、性能数据等细节数据，有各类新型的设计和计算软件的使用知识要学习。普通人用的数学知识是2000年前的，科技人员需要的微积分是300年前的，只有数学专业的研究人员才要知道本领域近20年的工作。尽管量子力学和相对论证明了牛顿力学只是在一定范围的近似，但在我们大量的日常工作中还是用牛顿力学。即使是发展最为快速的信息和计算机领域，我们所用的还是七八十年前的图灵理论和冯诺伊曼体系结构，集成电路的工作原理还是基于场效应管。现在的AI技术也只是由

① 鲁子箫. 智能时代的教学知识观[J]. 当代教育科学，2020，(12)：24-29.

于算力的提高和数据量的增加而变得引人注目，其核心算法仍是几十年前的概念。当然我们不排除今后发生革命性和颠覆性理论的可能性，但这些理论从数量上说只能是极少数。

由此来说应对后信息时代的知识大爆炸要做到下面几点，一是深刻理解核心基本理论，我们的一切创新和学习都要基于基本理论，而基本理论相对来说是比较稳定不变的。二是作为个人要有所为，有所不为，在不可能掌握所有的知识的前提下，掌握核心知识和本领域发展前沿是一个较好的选择。三是对于单位和社会合作共赢是必须的，将每个个体的知识结合就可以覆盖更大的领域和范围。

正是基于此，个性化选择的主体性诉求在后信息时代变得越来越强烈，知识掌握量的多少已经不再是衡量和决定一个人能力最关键的因素，而是发现和提出问题、信息检索和梳理、运用知识和解决问题的综合能力变得更为重要。这也正是后信息时代知识观不得不进行转向的根本性原因，而这种转向则在很大程度上表现为对知识本质和知识价值认识方面的转变。

首先，从知识本质观视角来看，它已不再意味着仅仅是对世界的客观表征，也因此不再是“颠扑不破”的真理，在某种程度上也是个体对客观世界的理解，具有一定的主观性、文化性和境域性，一方面随着科学和技术的进步不断更新甚至颠覆，另一方面也随着人们认知水平的改变而不断演化，具有开放性、发展性和整体性，是认知、思维、逻辑和情感等多种因素的整合。人类对知识本质的认知正逐渐回归“内在”和“人本”，尤其是人们对单纯知识传授在教育教学中角色的认识也正在趋于理性。

其次，由于新知识的更新速度远远超过人们通过学习可以获得的速度，使知识的传授过程陷入徒劳和尴尬的境地，更多地关注知识的生命内在本质正在被人们认可，其价值观也必然会从重视知识掌握转向更加注重知识应用，并最终向促进人类社会进步和人自身最大限度发展的创造力聚焦。这里所指的创造力不仅仅涉及科学技术方面的创新和创造，更加指人们在面对挑战时激发出来的创造性解决问题的综合能力，是人类面临挑战时对自身的超越和升华。

三、后信息时代的人才观

动力机械的出现代替了人类繁重的体力劳动，身强力壮不再是合格劳动力的必要条件。计算机的出现代替了人类简单重复的脑力劳动。人工智能的出现还将进一步取代人类的脑力劳动。在后信息化时代人类唯一引以为傲的并能推动社会快速发展的是创新能力。

例如一个建筑设计师团队在过去，不但要设计建筑的造型，还要根据规范计算建筑强度，这部分是相对简单的脑力劳动，但因计算量大，需要大量人员参与。但现在计算强度的工作基本都可以由计算机软件完成，原先在团队中大量存在的从事强度计算的人员将大幅度减少，建筑的创新性设计在团队中的重要性更为突显。

追求创新是新世纪最突出的时代特征。平克在《全新思维》中认为，目前的社会正由“Information Age”向“Conceptual Age”转变。我国一部分学者将后者翻译成创感时代。“创”即指创新、创造、创意等，“感”指的是情感、灵感、感情等。因此，后信息时代的教育更加注重创感素养教育。所谓创感素养是指一种能够创造性兼感性地解决实际问题的基本素养，包括意识、人格、思维和实践能力等。其中，创感思维是一种综合思维方式，包括创造性思维、共情思维、模式识别思维和追求意义型思维等，创感思维是创感素养的核心，而未来的经济和社会将会建立在创新性思维、共情能力和全局能力的基础上①。人类社会进入数字化社会以后，显性知识的传授和技能训练已经不再是教育的首要目标，以往熟练工人和专业技术人员所完成的工作将逐渐被机器和电脑所代替，因此，对人才的需求导向将发生根本性的转变，社会更需要的是掌握更多软知识、能够以问题解决为导向，并拥有主动建构个性化知识能力的创新者和创

① 耿亮，黎加厚. 丹尼尔·平克的后信息时代观及其教育启示[J]. 上海师范大学学报(基础教育版)，2009，38(5)：9-12.

造者。因此，后信息时代的人才观也随之产生巨大变化，“学富五车”不再是评价人才的最重要标准，对人才的认可由单纯的“知识型人才”向“知识加创新型人才”转向，创新能力已经成为后信息时代各类人才应具备的核心素养。

后信息时代的一个重要特征是高学历人才的比例非常高。改革开放 40 年来我国高校录取人数从 1977 年的 27 万增加到 2019 年的 820 万，录取率从 5%增加到 80%。本科教育从少数人享受的精英教育变成为多数人都能得到的普及教育。众所周知，在人才匮乏的年代，基于物质基础的经济社会发展主要依赖于各种实物的累积，因此以技术低下人员为主体的密集型经济占主导地位，人们对创新的渴望和追求并不强烈，大多缺乏创新能力的个体仍然可以找到相适应的工作岗位，为社会做出巨大贡献，并创造大量的财富价值。而后信息时代在资本和互联网两个加速器的共同作用下，一个全新的创意短期内就能创造出巨大的商业价值，甚至催生出一个全新的产业，这也导致整个社会各行各业都把创新的作用提升到了一个前所未有的高度。特别是随着新一代信息技术的迅猛发展，迫使那些低端脑力劳动岗位不得不转型甚至最终消失，而同时高端创新性岗位却急速涌现，导致与之相适应的高端人才紧缺急需填补。过去那些被普遍认可的学识渊博、掌握大量知识之人将不再是最优秀的人才，甚至那些能够不断完善学习方法、学习知识的能力和手段更强的人也不断受到质疑和挑战；只有那些善于运用知识、善于独立思考、善于分析判断、敢于探索、勇于创新并最终能够解决问题、引领社会不断向前发展而不是被动适应的人，才是最优秀和社会最需要的人才。成绩表上的全 A，排名第一其实都不重要，重要的是我们培养的人才能不能勇于面对挑战、不断挑战和超越自我，是否具有深度思考和解决实际问题的能力。

《国家中长期人才发展规划纲要(2010—2020)》中把 21 世纪人才界定为“具有一定的专业知识或专门技能，进行创造性劳动并对社会做出贡献的人。”纲要还指出，当前我国人才发展总体水平与经济社会发展相比还有诸多不相适应的地方，特别是高层次、创新型人才匮乏，创新创业能力不强。① 2020 年以来全国范围内开展的全面深化教育评价改革、破除“五唯”等措施正是政府层面对上述新型人才观不断认可的具体体现。特别是全国各地近期在科研创新领域推行的“揭榜挂帅”行动，对那些敢于揭牌的科研人员，考察的正是他们是否拥有“善于思考、敢于探索、强于创新、勇于担责、解决实际问题”的能力，这些能力正在成为激发各类人才创新动力的有效途径。

四、后信息时代的教学观

由于后信息时代知识观、人才观的转向，必然会导致与之相适应的教学观转向。2018 年 4 月，教育部发布《教育信息化 2.0 行动计划》，明确指出大数据、人工智能、区块链等技术的飞速发展，将深刻改变人才需求和教育形态②。尽管如此，事实证明高等教育对于新时代经济社会发展却并没有“先知先觉”甚至是相对迟钝的，长期以来以课堂、教师、教材为中心和以知识系统讲授为主的教学模式并未得到深刻和有效改善，以培养符合知识型人才为目标的“适应性教学观”在我国大学教育理论与实践中仍然占据主导地位。但实际情况是，即使在世界范围内，社会的发展已经走到了大学的前面，当创新型国家建设的辚辚车轮轰然响起，倒逼着高等教育教学观向着个性化创新型人才培养的“发展性教学观”应然转向③。

首先，教学目标必然要从“知识本位”转向“学生本位”，从而更多地关注学生的全面发展，真正做到“三全育人”。如前所述，当今人工智能和大数据技术的普及已经使知识记忆的权重不断减小，而学习能力特别是创新

① 中共中央国务院. 国家中长期人才发展规划纲要(2010—2020)[EB/OL]. https://baike.so.com/doc/6433018-6646695.html,2010-6.

② 中华人民共和国教育部.《教育信息化 2.0 行动计划》(教技〔2018〕6 号)[EB/OL]. https://baike.so.com/doc/28111311-29521499.html,2018-4.

③ 熊卫华. 从适应性教学观到发展性教学观：大学教学观的应然转向[J]. 中国高教研究，2011，(7)：91-93.

能力的不断提升显得越来越重要。知识的累积绝不是教育的归宿，而只不过是人们认知的基础，可以作为引发对价值和意义思考的材料，实际上教育更应该关注学生的心智，使其在思考中得到不断完善和发展①，而不在于知识的掌握量。知道谁、知道哪里、知道为什么比知道什么更为重要。我国古代哲学家王弼“得意而忘象”之说，指的就是“明象”仅为手段，“得意”才是目的②。因此，未来教育教学的终极目标并不是知识的传授，而是学习者运用知识去认识世界、解决问题、开创未来的能力。这种能力主要是知识运用和创新能力，同时也包括在创新活动中本应具备并展现出来的个性品质，是学生作为一个全人的全面发展。

其次，教与学的逻辑关系正逐渐从过去的“教师中心”向“学生中心”转向，学生个体的发展成为主体。认知模型论认为，新认知模型的构建才是创新能力的核心，因此培养过程的重点是对大脑构建认知模型的训练。大学教学的核心其实是帮助学生在头脑中构建特定的认知模型。然而，大学生认知模型的构建本就应该是个体的主动建构，而不是纯粹由老师引发的被动接受。换句话说，只有让认知模型的建构由学生自己主动来完成，才是最有效的。其他任何人越俎代庖的灌输式讲授都起不到应有的作用。因此，后信息时代的教育教学必须以学生为中心，在理念上充分发挥学生的主观能动性，在行动上突出学生主体③。纸媒时代的知识传播大多是单向度的，书本几乎是其唯一载体，也成为知识的代名词。书籍成为知识的源头，读书成为掌握知识的唯一途径。西方早期的教会学校以及中国古代书院的崇高地位皆源于此，时至今日全世界绝大部分高校的空间布局仍是以图书馆为中心。因此，“教师、教学和教室中心”成为传统高等教

① 赵炬明. 论新三中心：概念与历史——美国 SC 本科教学改革研究之一[J]. 高等工程教育研究，2016，(3)：35-56.

② [英]查尔斯·斯诺. 两种文化[M]. 陈克艰等，译. 上海：上海科技出版社，2003.

③ 赵炬明. 打开黑箱：学习与发展的科学基础(下)[J]. 高等工程教育研究，2017，(4)：30-46 (36).

育教学关系的普遍模式。如前所述，随着数字信息的无限普及，无论大学还是教师不再拥有对知识的垄断地位，学生对获取信息的个性化选择几乎没有门槛，并成为学习的常态，这就要求教学关系必须由“老三中心”转向“新三中心”，即“以学生为中心，以学生的学习为中心，以学习效果为中心”①，学校应该更加关注学生的个性化需求，不断促进学生自身对创新能力发展的主体作用。这也是美国高校“学生中心”(SC)本科教育改革的主旨。

第三，教学从“传授导向”转向“探究导向”，更加关注全体学生创新能力的培养。后信息时代知识和信息的高速更新迭代很容易使高校的教育教学无所适从，特别是对于理工科教学，今天所讲授的知识内容很可能在学生走出校门时就已经过时。我们究竟应该教会学生什么、如何教才能使他们适应未来日新月异的社会？我们要清醒地认识到，后信息时代真正推动人类社会永续发展的最稀缺资源不再是信息资源，而是基于个体本身的智力资源，是具有创新创意思想和能力的人。未来的经济和社会必定会建立在创新性思维、共情能力和全局能力的基础上，因此，教育将更加注重的是创感素养教育。这是指那些包括意识、人格、思维和实践能力等能够创造性兼感性地解决实际问题的基本素养。当然，创感思维是创感素养的核心②。而这种素养只有在那些挑战性的探究实践中才能获得。因此，大学教学必须做到认识已知与探索未知相统一，千百年来形成的基于课堂传授和模拟训练的低效率离身型教学模式，随着时代的发展，不可避免地要走向以启发探究、躬身实践为特征的高质量、具身型教育③。

---

①　赵炬明. 论新三中心：概念与历史——美国 SC 本科教学改革研究之一[J]. 高等工程教育研究，2016，(3)：35-56.

②　耿亮，黎加厚. 丹尼尔·平克的后信息时代观及其教育启示[J]. 上海师范大学学报(基础教育版)，2009，38(5)：9-12.

③　王美倩等. 后信息时代教育实践的具身转向——基于哲学、科学和技术视角的分析[J]. 开放教育研究，2020，26(6)：69-76.

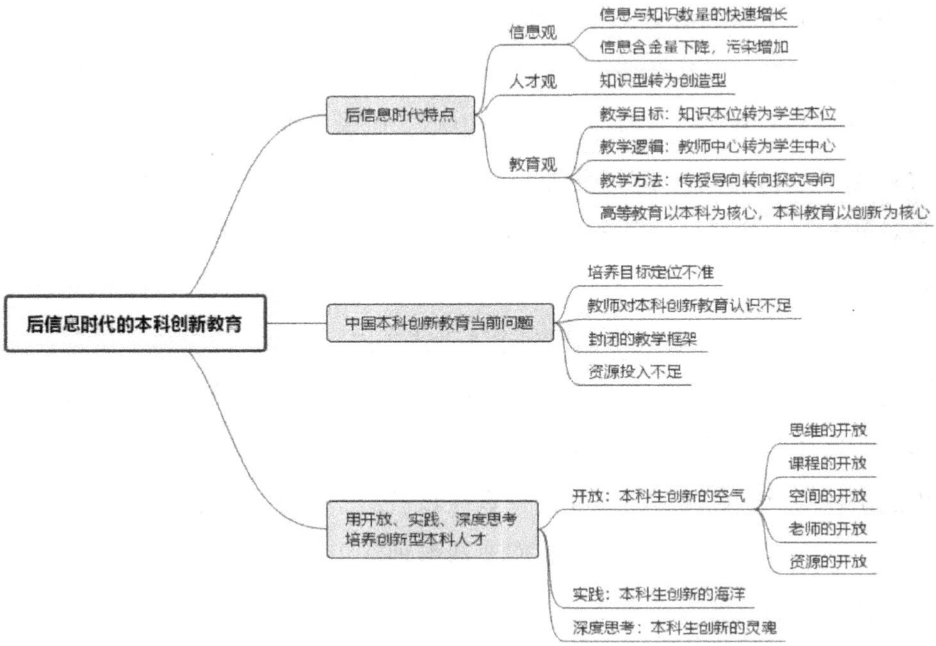

图 1-1　后信息时代本科创新教育思维导图

第二节　创新能力培养是后信息时代本科生培养的首要任务

一、后信息时代大学“以本为本”的内涵

新时代全国高等学校本科教育工作会议强调，当前大学为社会提供的毕业生中85%以上是本科生，本科生培养质量的高低关乎高等教育的整体质量，因此高等院校本科教育是大学的根和本，具有重要战略地位，是纲举目张的教育。“以本为本”充分彰显了大学之道，是社会经济发展和变革大背景下更加重视本科人才培养的要求体现。过去人们往往认为18—22岁

的本科生已经成年，大脑发育成熟导致心智不再有大的可塑性。然而近年来的脑科学研究证明，人类大脑一般会到25岁左右才完全发育成熟，成熟最晚的恰恰是大脑额叶前端的执行功能区(executive functions，简称EF)，类似一个交响乐团的指挥。EF区的主要功能就是负责大脑各脑区的总协调，并在大脑中构建一个与外部环境相适应的心智世界，来帮助人类认识和应对各种外部环境。因此，EF区实际上就是理性思维功能区，主要包括工作记忆、计划能力、任务转换能力、组织能力、情绪管理能力、首倡启动、抑制能力和元认知能力等八类功能①。显而易见，以上这些能力正是个体创新能力提升发展的基础，是否具备这些能力从某种意义上也决定了一个人是否能够成为一个具有创新能力的优秀社会建设者。而这些能力真正的发展高峰正好处在青春期后期(18岁至25岁)，即大学教育时期。由此可见，与我们过去的认知不同，本科教育阶段反而是一个人理性、能力和人格素养等全面发展的最佳阶段，这也成为本科教育教学改革的生物学理论基础。

如果说我国高等教育的根和本是本科教育，那么，本科教育的根本又是什么？后信息时代高等教育的观念转向以及脑科学研究结果实际上已经很好地回答了这个问题，即创新能力培养才是本科生培养的根本任务。这也是当前及今后很长一个时期实施科教兴国和创新型国家建设战略方针的迫切需要，也是我国在未来国际综合实力竞争中能否占领科技领先高地的关键，同时也是高等教育立德树人根本任务的重要内容。

总之，事实已经证明，大学本科是培养创新能力最关键的一个阶段，教育者不应把创新能力培养的任务仅仅聚焦在研究生阶段，这一方面是因为只有小部分适龄学生能最后进入研究生教育阶段，而这其中真正能够培养成才的又是少数中的极少数；另一方面，如果继续错过了最后的创新思维发展高峰期，“固化”的思维定势在其今后的工作中将越来越难以改变和

---

① 赵炬明. 打开黑箱：学习与发展的科学基础(上)[J]. 高等工程教育研究 2017，(4)：31-52 (37).

跨越，甚至会影响终生。

二、后信息时代的中国需要什么样的本科毕业生

中国真正的科技发展其实只有不到百年的历史，并且在绝大部分时间和绝大部分领域一直处于相对落后的地位。在抄袭和模仿也能提高科技水平的年代，能够学会和运用他人的科技成果已经是高难度的任务，因此很长一个时期对创新总体的内在驱动力不强。随着改革开放的深入特别是广大科技工作者的努力，我国科技和经济整体实力得到了长足的进步，与世界先进科技水平的差距已大幅缩小，简单的模仿已远远不能满足我国社会和经济发展对科技进步的要求，创新成为国家对新时代科技发展的期待。追求创新是21世纪最显著的时代特征，“大众创业、万众创新”的双创工作在我国开展得如火如荼，信息化与人工智能使“记忆”优势变得不再重要，取而代之的是适应性学习能力和创造创新能力①。从众所周知的“钱学森之问”困惑到近期中兴、华为等中国企业遇到的艰难，我们深刻认识到，当今面临的众多“卡脖子”问题追根问底都是创新不足带来的问题。在后信息时代技术发展和中国社会经济发展的双重驱动下，创新型人才培养理所当然成为全社会对本科教育提出的新要求。作为高等教育工作者，我们必须清醒地认识到，国家和社会需要的是培养大批思想敏锐、敢于创新的领跑者，而不是盲从被动的跟班者。未来的高等教育也必须能够应对这种要求，勇于做出教育独特的供给侧改革，确保为社会提供具有创新精神和能力的合格本科毕业生，这是历史赋予的使命。

值得指出的是，随着社会的发展，本科毕业生的就业去向正在不断向多元化发展，他们中的大多数人将从事应用性很强的工作，只有少数人得以进一步深造，接受研究生教育并进入人才金字塔的顶尖。因此，对于本科生创新能力的培养，一定要注重培养他们运用知识创造性解决实际问题

---

① 赵炬明. 打开黑箱：学习与发展的科学基础（上）[J]. 高等工程教育研究，2017，（4）：31-52（37）.

的能力，绝不能忽视发展他们面对未知的创新潜能。本科生创新需具备的基本能力应该包括(但不限于)以下九个方面：①高效的信息检索/处理、垃圾信息过滤及时间管理能力；②清晰的思维和独立思考、深度思考能力；③观察新事物并快速形成概念能力；④判断及彻底理解某种新事物的能力；⑤辨识事物重要与琐碎、持久与短暂的能力；⑥以质疑方式进行系统的、严密的逻辑推理能力；⑦独立开展工作的实践(实验)和解决问题的能力；⑧与他人沟通与协作的能力；⑨对交叉学科的理解和终生学习的能力。这些能力之间是相互依赖相互促进的，只有具备了这一系列能力，才能在面对未知事物时激发创新灵感、完成诸如发现新的现象规律并揭示其内在本质、提出新的理论并清楚阐述、建立新的切实可行的方法模型、发明或制造新产品应用于实践并取得成功等创新性工作。

三、地方应用型本科院校应该培养什么样的人

在时代发展的大背景下，地方本科院校应该如何应对？换句话说，面对后信息时代高等教育理念变革的头脑风暴，地方本科院校究竟要如何清晰认识和正确确立自己在高等教育大结构中的位置，从而准确确定自己的人才培养理念呢？即我们要培养什么样的人？怎样培养人？

何谓办学理念？有学者认为，理念是指人们对于某一事物或现象的理性认识、理想追求及其所形成的观念体系①。那么，大学的办学理念就是指以办学实践为基础，人们对学校发展所形成的理性认识、理想追求和观念体系。办学理念具有一定的特殊性，每所高校都应根据自己的办学实际，形成能够引导学校健康发展的办学理念。所以，每所大学的办学理念都应该是各自办学特色和理想追求的共同体现。地方高校，特别是新建本科院校一度存在模仿名牌高校发展路径的现象，不顾学校实际而一味追求卓越，因此，在办学理念上也存在雷同现象，导致地方高校办学过程中发展“同质化”现象严重。

---

① 韩延明. 大学理念论纲[M]. 北京：人民教育出版社，2003，58，535-542.

办学理念是高校发展的根本纲领，而人才培养理念是办学理念的具体体现和落脚点，办学理念不清晰，就会造成人才培养方向的偏离。2015 年 10 月，教育部下发《关于引导部分地方普通本科高校向应用型转变的指导意见》，明确提出要引导一批地方普通本科高校向应用型转型。转型发展初期，地方高校都把转型的重点放在几个亟待解决的问题上，一是纠正背离为地方经济和社会发展服务的办学宗旨；二是改变“千校一面”的办学模式；三是树立应用型人才培养目标的人才培养理念；四是凝练自身办学特色。

地方本科院校的转型发展是高等教育从精英主义向大众化过渡阶段，国家在产业结构优化升级的大背景下，为了促进高等教育系统健康有序的发展而提出的战略性指导意见，要求应用型大学应具有面向地方、面向行业、面向企业的鲜明办学特色，因此办学理念应体现出以培养应用型人才为目标的办学使命。然而在这个过程中却出现了矫枉过正的现象，很多地方高校管理者和教师把“应用型人才”理解等同于高职院校的“应用型技术性人才”，把“创新力”简单理解等同于“创造力”，从而认为应用型人才只需具备知识应用和实践能力，而无需具备创新创造能力，因此，只讲“应用”，不提“创新”，甚至将二者对立起来，这是一种与时代发展和国家战略都背道而驰的极其危险的错误认识。因此，这里需要首先廓清的是，应用型高校所培养的应用型人才与高职高专的应用技术人才是完全不同的两个层次、两个群体的人才，前者是将科学原理转化为工程设计的人，后者则是将工程设计转化成产品的人。

那么，何为应用型人才？概括起来讲，应用型人才是指能适应知识经济发展、具有实践应用能力和科技创新能力的人才。科技发展过程中存在着两种创新，一种是颠覆性、革命性创新，如基础理论研究领域新的理论推翻旧的理论，技术研究领域一种前所未有的全新技术的发明和创造；另一种是修正性、革新性创新，如对旧理论某一论证条件的修正，或对原技术某一应用功能的更新。诸如伽利略推翻亚里士多德、“日心说”推翻“地心说”就是物理理论上的颠覆性创新；在影像技术领域，彩色胶卷替代黑白胶卷是一种修正性创新，而数码技术对传统照相技术则是一种颠覆性创新。因此，相对于研究型重点高校以及研究生层次对拔尖人才、领军人才的培养目标来讲，地方本科院校更大程度上培养的是在科学理论应用过程中，具有修正新、革新性创新能力的人才，当然，这并不完全将颠覆性创新和创造能力排除在外。

综上，地方应用型本科高校应本着服务地方和以人为本的办学理念，将自身发展与地方经济社会的发展融为一体，在人才培养目标上强调“应用”和“创新”，着眼于社会发展急需的高层次创新型人才；在课程设置上体现“行业取向”，增设行业标准；在人才培养方式和质量保障体系上体现“产教融合”，更好地发挥企业“大课堂”和“大实验室”的功效；在教学内容和教学模式上体现“实践”，强化学生的知识迁移能力。以“定位在行业、定向在应用、定格在复合、定点在实践、定性在创新”的人才培养理念，贯彻落实应用型人才培养定位，培养具有宽厚理论基础、扎实实践应用能力和较高创新素养，能够成为行业经济发展的参与者、促进者、引领者的德智体美劳全面发展的复合型人才。

第三节　本科生创新能力培养的现实困境

2006 年 1 月，胡锦涛总书记在 21 世纪第一次全国科技大会上强调，实施科教兴国、人才强国战略，把增强自主创新能力作为发展科学技术的战略基点，把建设创新型国家作为面向未来的重大战略选择。习近平总书记在 2018 年全国教育工作大会上进一步强调要推进产学研协同创新，着重培养创新型、复合型、应用型人才。可见，创新型国家战略的推进、现在和未来的社会主义现代化建设正在急迫吹响创新型人才培养的号角。这也从另一个侧面说明目前我国本科教育的最大痛点就是毕业生质量无法满足创新型国家建设的迫切需要。

长期以来，我国高等教育中一直占据主流地位的，是社会化大生产前提下知识本位的教育理念和人才需求导向所产生的标准化、规模化的教学体系。我们将统一招生、统一考试、分科分专业教学、班级授课等教学体制奉为常规范式而习以为常，把知识传授和技能训练当作教育的首要目标。在这种观念下，教育就像是标准化流水线系统，学校就像是一架精密运转的机器，教师成了机器上的齿轮，而学生则成为标准化产品，其个性和创造性被忽视、被碾压①。同时，在过去很长一段时期内，高等教育闭门办学，与社会人才需求相脱节，毕业生走上工作岗位后，专业能力不精，工作能力欠缺，甚至需要用人单位再做专门培训才能上岗，从而导致本科人才培养质量备受社会诟病。

21 世纪以来，党中央、国务院以及教育部对本科人才培养质量与创新型国家建设人才需求之间的矛盾给予了高度重视，《国家中长期科学和技术发展规划纲要(2006—2020)》明确提出："鼓励本科生投入科研工作，在创新实践中培养他们的探索兴趣和科学精神。"《教育部关于深化本科教育教学改革 全面提高人才培养质量的意见》(教高[2019]6 号)也明确提出要科研反哺教学，"强化科研育人功能，加强对学生科研活动的指导，支持学生早进课题、早进实验室、早进团队，以高水平科学研究提高学生的创新和实践能力"。从而为高等院校本科生创新能力培养指出了一条可行之路。

然而，要走科研反哺教学培养学生创新能力之路，对于地方本科院校来说仍面临着"理想与现实"的尖锐矛盾，使创新型人才培养面临诸多困境。

一、高校对本科层次创新人才培养目标定位不准

2014 年 9 月，李克强总理在夏季达沃斯论坛上提出，要在 960 万平方公里土地上掀起"大众创业""草根创业"的新浪潮，形成"万众创新""人人创新"的新态势。此后，在首届世界互联网大会、国务院常务会议和各种

① 王美倩等. 后信息时代教育实践的具身转向——基于哲学、科学和技术视角的分析[J]. 开放教育研究，2020，26(6)：69-76.

场合中，他又频频阐释这一关键词，希望激发民族的创业精神和创新基因。2015 年李克强总理再一次在政府工作报告中要求，要推动大众创业、万众创新，“既可以扩大就业、增加居民收入，又有利于促进社会纵向流动和公平正义”，强调“让人们在创造财富的过程中，更好地实现精神追求和自身价值”。

“万众创新”“人人创新”就意味着随着社会主义现代化建设的步伐越来越快，国家对创新型人才的需求越来越急迫；意味着国家建设需要每一个参与者都要具备最起码的创新能力，而不是仅仅依靠少数精英。但是，在过去，很多高校本科生创新教育目标一直把着眼点放在拔尖人才的培养上，定位在少数精英群体。如“基础学科拔尖学生培养实验计划”“卓越人才培养计划”“试点学院改革”以及研究型大学实施的“拔尖创新人才培养实验班”等，均是面向少数学生的创新教育计划，目的是培养未来能够在某一专业领域做出卓越贡献并造福于社会的领军人才，而不是着眼于本科生层次人才群体创新能力的培养。

这种教育理念与我国高等教育发展现状是极不协调的。2019 年，我国高校本科生录取人数已经达到 820 万，录取率达到 80%；截至 2020 年，高等教育毛入学率达到 51%，意味着我国高等教育已经进入普及化阶段，高等教育的主要矛盾已经由教育资源稀缺与人民群众的广泛需求之间的矛盾，转变为人民群众对优质教育资源的需求与教育发展不平衡不充分之间的矛盾。那么，将创新人才的培养的着力点从精英转向大众，从人才金字塔的塔尖转向所有本科生，普遍提升应用型人才培养质量，则是解决这一矛盾的有效途径。

二、教师对本科生创新能力培养的认识和能力不足

如今，飞速发展的信息技术已经渗透到社会各领域，对科技、经济、文化、意识生态等方方面面正在产生着深刻的影响，并对教育从观念到机制建设都提出了革命性变革的要求。脑科学与认知科学的发展直接催生了人工智能的诞生，如今国际学术界与工业界普遍认为，脑与认知已经成了

把握当代知识与社会进步脉搏的钥匙，并将是第四次工业革命的主要引爆点。为此世界各国都增加了对人工智能的投入。然而，认知心理学研究的进步对大学教学的影响却相当有限，相对于此，学校和教师的反应则显得迷茫迟滞，在一定程度上，“计算机在改变了几乎所有领域的同时，唯独对学校教育的影响小得令人吃惊”①。目前来看，由于传统高等教育“知识本位”知识观和人才观的影响，信息技术只是在一定程度上改进了学校的教学手段，而对教师的教学观念并没有多大程度的改变，高等教育处于一种用21世纪的教学技术与19世纪的教学观念相并存的尴尬状态，具体表现在：很大一部分教师面对国家和社会对创新人才需求的信息反馈表现麻木，或者将主要精力放在研究生教育上，而对本科生创新能力的培养认识不足。

另一方面，由于近年来持续的扩招导致地方高校普遍存在生师比高、师资队伍紧张的状况，大部分教师疲于应对繁重的日常教学任务，没有充裕时间钻研学习先进的教育教学思想，开展教学改革研究。加之长期以来对教师的评价机制导致功利主义思想大行其道，导致很多教师为了评职称而将主要精力投入科研工作中，对于周期长见效慢的教学工作和教学研究则无暇顾及甚至敷衍应付，并没有多少教师真正愿意投入大量的时间和精力去认真研究、躬身实践，更不用说思考如何将自己的科研行动融入教学，引导学生开展创新活动，因此，存在教学、科研两张皮的现象，这与创新人才培养“产、学、研、教、创一体化”的要求是相矛盾的。

三、传统封闭的教学框架禁锢了本科生创新能力的发展

学校和教师教育教学观念的抱朴守旧导致教学改革上的滞后，结果是，尽管大学的学术研究已经进入21世纪，但教学却还在19世纪的窠臼中徘徊。大学教师在学术研究中采用科学方法，在教学中研究中却采用经

① 鲁子箫. 智能时代的教学知识观[J]. 当代教育科学，2020(12)：24-29.

验态度，表现出了严重脱节现象①。具体表现如下：

（一）“教师中心”的教学模式

目前本科教育仍然没有摆脱“教师中心”的“灌输式”的教育模式，尽管在课堂中引入了信息化教学的手段，大学本科生教学的课堂讲授仍然是已有知识为主的模式，课堂互动也多限于对已有知识的“问与答”。尽管“慕课”“翻转课堂”“OBE”等新的名词不断出现，在努力引导大学课堂从“教学中心”走向“学生中心”，对学生的全面培养起到非常积极的作用，但总体上来说仍是跟进式、形式上的改进，学生跟进的都是老师掌握的知识。

2001 年，有学者依据布卢姆著名的教学目标分类法，将学习分为六个层次，由低到高分别为：记住（remember）、理解（understand）、应用（apply）、分析（analyze）、评价（evaluate）、创造（create）②，其中“创造”是最高级层次的思维能力。而“教师中心”的传统课堂的主要弊端就是重视教学活动的有序性和知识体系的系统性，使学习主要集中在低层次学习，而忽视了创造性的高阶学习。这种所谓科学的、有序的、理性的教学程序形成了知识传播的封闭系统，在这个封闭的系统中，学生不得不接受其“学习任务的被动完成者”的地位，从而逐步丧失学习的主动性和积极性，对教师的教学活动表现出总是沉默和顺从，鲜少积极响应和质疑。因此，在这样的教学环境中，学生的问题意识、批判思维、协作能力等没有得到培养③。这不仅仅会影响学生的全面发展，进而还影响社会的未来发展。

（二）“教材中心”的教学内容

教材作为大学课堂的知识承载媒介，已经成为教师一种精神上的依

---

① 赵炬明. 打开黑箱：学习与发展的科学基础（下）[J]. 高等工程教育研究，2017(4)：30-46.

② 安德森等. 布卢姆教育目标分类学（修订版）[M]. 北京：外语教学与研究出版社，2011.

③ 李海峰. 后现代视域中大学生创新能力培养路径研究[J]. 教育评论，2016(2)：92-94.

赖，“无教材不成教学”。知识大爆炸导致知识的更新速度是以月、星期为时间单位的。而教科书教学内容的更新，至少是以年为单位。并且最优秀的教师也不可能完全了解所在领域的全部最新内容进展。在传统的课堂上，学生不可能学到全部的最新知识，甚至相当一部分教师在相当长的时间内一直沿用同一本教材而不对教学内容做相应更新，从而使大学的知识体系陈旧、迟滞、规定化。这与后信息时代体量巨大且日新月异的知识更迭相背驰。特别是对于理工科学生能力培养至关重要的实践教学环节——实验课程，目前以照搬实验指导教材的“学习性实验”和“验证性实验”为主要教学形式的现象仍普遍存在。教师按照教材讲解实验原理，学生按照教材按部就班做实验，在这样没有太大挑战性的学习过程中，学生学习的只是实践知识，并在长期循规蹈矩、按部就班的模仿和验证中怠于思考而逐渐磨灭创新思维的灵感。显然，当面对浩瀚的信息和知识海洋，我们的教学内容面临挂一漏万的处境时，放弃教材的墨守成规，关注学生的能力培养才是正确的选择。

（三）“知识中心”的学业评价

目前对学生的学业评价基本上都是基于平常作业和期末考试，主要考察的是学生对已知问题的解答、对知识的记忆。统一命题，所有题目都有标准答案，且教师必须按照标准答案批改试卷、评判分数。这样的纸笔测验一直以来都是最受欢迎的评价方式，这种评价方式操作简单，考察的是学生对书本知识的掌握程度和实践应用能力，而评价学生面对未知问题、没有标准答案的问题的解决能力和处理水平没有较好的考察手段和方法。评价就是指挥棒，这种传统的学业评价模式最终导致的是学生热衷于背诵、记忆书本知识，而忽视自身创新能力的生长。我们经常会在大学校园中看到在林荫道旁旁若无人、大声背书的学生，此情此景是否应该引起我们的深思？我们是该为了这朗朗书声感到欣慰呢？还是该感到悲哀和焦虑？不能够准确量度学生的能力水平的学业评价模式，又怎么能够适用于创新教育教学体系呢？因此，教学评价改革是一个长期而艰巨的任务，永远在路上。

四、资源不足制约了本科创新人才的培养质量

我国高等教育资源分配的不均衡一直是个备受争议的问题，一是从国家高等教育结构分布和资源分配政策来看，教育资源向研究型大学和部属院校集中和倾斜的现状是不争的事实。作为本科教育主力军的地方高校疲于应对的最大办学问题就是资源短缺的问题，办学经费捉襟见肘，补东漏西，很多高校甚至创新实践教学基地建设和活动经费都没有足够的保障。为了争取办学经费，地方本科高校普遍采用扩大招生的办法，但学生规模扩大的同时又造成师资队伍匮乏，教学硬件和基础设施不足的问题，从而导致恶性循环。二是从高校自身的资源分配来看，大学的科研和教学资源向研究生教育集中也是不争的事实，拥有充足办学资金、人力和物力优势资源的大学，投入本科教育的资源情况也并不乐观。这种现象的存在固然与大学科技创新和创新人才培养的重心偏移有着直接的因果联系，但换个角度来看，资源分配的不均衡也是导致本科创新教育难以深入开展、长期不见成效的关键性因素。这也是教育部为了改变高等教育结构不合理的现状，近年来一直锐意改革，强调“以本为本”，并把“教授为本科生上课”作为教学评估硬性指标的重要原因。

五、地方本科院校本科生专业学习兴趣不浓

地方应用型本科高校生源质量普遍不高是不争的事实。这部分学生在基础教育阶段属于成绩平平、不容易受老师关注的群体，大部分缺乏学习目的和兴趣，学习动机不明确，态度不端正，在一定程度上缺乏学习的主动性和能动性，在心理上更倾向于循规蹈矩，在学习上更适应被动接受的学习方式。加之学生大多来自教学条件相对较差的地区或学校，在入校时没有进过实验室，没有经历过科学探究的训练，因此严重欠缺创新意识和能力。如果在大学期间再不补上创新训练这一课，他们很难适应未来社会经济发展对人才创新素养的高要求。因此，对于地方应用型本科高校来

讲，激发唤醒学生的学习兴趣和创新意识、培养学生的创新能力和终身学习能力是教师亟待面对的课题。信息化时代，掌握获取资料和信息的能力，成为学生未来学习和工作挑战的前提和基础，成为决定和衡量学生创新能力、终身学习能力与水平高低的一个重要标志。因此，学校应积极创造良好的信息资源平台，教师在创新能力教学过程中，结合本专业特点培养学生学习兴趣，大胆探索教育教学内容、教学策略与方法、评价方式，用以赛代练、以实践代授课等学生乐于接受的授课方式，让学生在实践、创新教学活动中获得乐趣，获取知识和技能，不断提高学生获取、加工信息的能力，是教师教学工作的基本任务。

六、创新能力培养课程体系缺失

课程体系是课程目标转化为教育成果的纽带和载体，是课程实施活动顺利开展的依据。目前，本科高校课程体系设置通常为通识类课程+专业基础课程+专业核心课程+专业选修课程，很少有学校设置专门的创新实践课程。支撑创新能力培养的课程体系不完善，主要表现在：创新型人才所需要的知识、能力和素质结构不清晰、课程设置目标不够明确、课程开设先后顺序、理论与实践课程比例设置不合理等。由于教育行政部门强制性政策，部分学校本科专业课程体系中象征性地设置 1~2 门创新创业类课程，一般是 2~4 个学分。但是往往师资配备不足、教学模式落后，导致课程流于形式，创新人才培养目标难以实现。

第四节　开放、实践与深度思考：本科生创新能力培养的根本路径

在后信息时代的大背景下，本科教育该如何应对世界科技发展和国家发展战略带来的巨变，进行“触及灵魂”的改革，成了摆在教育工作者面前的一个难题。对于培养创新型人才这个目标，已经成为大家的共识，那

么，为了达到这个目标，我们又该怎样对改革路径做出正确抉择，从而冲出困境呢？笔者认为，要实现本科生创新能力培养，首先是要确立“开放、实践和创新”的教育理念，从而锚定目标，围绕课程体系、教学模式、师资队伍、平台建设等要素开展系统的教育教学改革。

一、开放：本科生创新能力培养的指导思想

“创新”与“开放”永远是相伴存在的两种语境，无开放不创新，无创新不开放。人类社会发展历程早已证明了这一点，世界各国的科技发展历程如此，教育亦如此，人类的思维进步和能力成长更是如此。就像没有这几十年改革开放的国家战略的实施，我们就不可能拥有现如今傲居世界之首的经济体量和日益飞速发展科技进步的成果，也不可能拥有互联网、航天航空等诸多科技领域创新发展的奇迹。“开放”是创新发展的先决条件，就像空气之于万物、树根之于大树。创新能力的核心是创新思维，而后信息时代开放性的知识呈现趋势使人类的创新思想得以前所未有的发展和解放，为人们打开了创新思维的“天窗”。

因此，我们必须秉持开放融合的教育理念，从本科生创新能力培养的视角重新审视本科创新教育各要素。英国开放大学是世界上第一所开放大学，在其创建宣言中提出的办学理念是“把人的头脑当作必须点燃的一把火”①。这应该能够给我们一点启发，我们应该深刻认识到，当下和未来，教育尤其是高等教育的目标绝对不仅仅是知识的传承，而是为学生营造尽可能大的、自由的、开放的发展空间，构建基于创新指向的、有助于点燃学生头脑中的创造意识、激发学生创新潜力、促进学生形成创新性发散思维的育人体系。这种育人思想和理念是以本科生创新能力培养为首要目标，在开放的教学思维指引下的教学要素的全面开放。包括开放的思维（包括教学思维和学生创新思维）、开放的课程、开放的教学空间、开放的

① 约翰·丹尼尔. 高等教育：对创新开放吗？[J]. 黄丹青，译. 中国远程教育，2012(8)：14-18.

师资队伍和开放的教学资源等。

(一)开放的思维

开放的思维是指打破一切传统思维定式无拘束地进行思考。古希腊自然哲学家亚里士多德的科学思想中就包含着自由开放的要素，他曾经指出“哲学家是在自由和闲暇中培养出来的”，提出人的本质是自由的，因此人的自由全面发展应该是人类发展的终极目标。某种程度上，亚里士多德的自由思想包含有开放性思维的要义。实际上，创新教育体系中的一切开放都建立在思维开放的基础之上，思维的禁锢是创新能力培养的最大敌人。

首先，我们要打破教师绝对权威的思维定势。后信息时代的特点决定了在教学中具有神圣地位的只是教师这个职业，而不是教师个人或其掌握的“知识”。知识获取渠道的多样化导致学生在某些方面的知识储备可能比教师还要丰富，因此，教师在学生心目中的“知识权威”地位已经一去不复返。对此，教师最明智的选择就是做学生学习活动的引导者以及合作伙伴。

其次，不能抹杀学生好奇和探索未知的天性，要创造平等、开放和自由表达的氛围，让学生充分展示自己的思想和创新灵感。如教师对于“启发式”教学，不能简单地理解成“提问式”“问答式”教学，课堂上老师提问一个大家熟知的概念，让学生抢着回答，这实际上仍然只是培养了学生的“记忆力”和“表达能力”。

开放的教育在于培养学生打破自身思维束缚和“跟从性”思维定式，主动质疑传统权威观点、接纳新思想、善于接受不同观点、敢于提出问题的能力，其核心是培养学生不拘一格追求未知的心态，也就是说要促使学生把“质疑精神”和“求异思维”锻炼成一种习惯。开放的教育要鼓励学生无拘无束地交流，使学生能够拓宽思维的空间，打开“异想天开”的大门，碰撞出创新的火花。开放的教育对学生的基本要求不在于“坐得有多端正”，而在于“思考得有多深入”；对教师的基本要求不在于讲得有多流利，而在于启发得有多深刻。

因此，开放的教育源于开放的教育教学思想，终于学生开放自由的创新思维培养目标。只有在开放的教育教学思想关怀下，才有可能培养学生的开放性创新思维，否则，创新能力培养就是空谈。

（二）开放的课程

开放的课程是指打破传统封闭的学科专业课程架构，建立开放的课程体系、教学模式和教学评价。一是打破通识课与专业课之间、专业课与专业课之间、理论课与实践课之间在教学内容上的隔离，将通识、专业理论与实验、实习等教学内容融合在一起，组建成教学模块；二是设置不受传统课程时限，可以贯穿本科四年学程的延续性创新课程；三是改变传统课堂教学的知识传授模式，以小组合作、项目研究的教学形式推进模块化教学，使学生的学习不再只是单纯的知识传授过程，而是融理论学习、技能训练、科学探索、技术革新和行业实践为一体；四是改革传统的单元化学业评价模式，建立多主体、多方式、多内容的开放式多元化学业评价体系。

（三）开放的学习空间

后信息时代信息技术的飞速发展带给人类社会的一个显著变化，就是人类与机器、现实与虚拟之间的边界变得越来越模糊，这在教育领域就体现为学生学习的物理空间与信息空间融为一体，学生的信息和知识获取渠道越来越立体、丰富、多元，学习将不再受时空限制①。因此，教学活动就不可能再固守传统封闭的教室三尺讲台，而是走向全面开放，为学生营造有利于个性发展的开放自由的学习空间。开放的思维需要开放自由的空间，封闭窒息的环境下，是不可能培养出具备创新能力的人才的。

所谓开放的学习空间不仅仅只是指开放的学习场所等硬环境，更多的

① 王美倩等. 后信息时代教育实践的具身转向——基于哲学、科学和技术视角的分析[J]. 开放教育研究，2020，26(6)：69-76.

是指开放自由的“软环境”。维果茨基认为，知识是在社会性互动中建构的，人通过社会交互中的行为内化和心理运作来发展自我调节能力。因此，社会与文化是学习的资源①。因此，对于本科生的专业学习来说，与真实专业工作情境相仿的教学情境和学习氛围就是最好的“社会”和“文化”学习资源，包括模拟真实的专业工作环境、企业真实的项目作为学习任务、团队合作文化等。这些都是封闭的课堂教学环境不可能提供给学生的，需要我们不再闭门教学，而是要打开教室之门，打开校门，将课堂搬到实验室、工厂、企业，或将企业项目引入课堂，为学生创设能够与专家和同伴交流、与专业环境交互的“社会性”学习情境和创新活动氛围。也只有在这样的环境中，学生才能被激发创新的灵感，才能迸发出创新思维的火花。

(四)开放的师资队伍

开放的师资队伍包括教师个体教学思想的开放和师资队伍人员组成的开放两个方面。法国学者涂尔干(Emile Durkheim)曾经指出：“教育的成功取决于教师，然而教育的不成功也取决于教师”②。由于涉及人才政策、办学经费等一系列因素，教师队伍的建设往往成为教育教学改革的难点。如果教师自身创新能力不足，又怎能培养出具有创新能力的学生呢？因此，师资队伍的整体水平直接影响着创新型人才的培养质量。创新型师资队伍建设也应该是高校建设发展任务的重中之重。

一方面，培养学生的创新能力，需要的是教学理念开放、思想解放、具有较强专业实践能力和科技创新能力，尤其是校企合作横向科研能力较强的教师队伍。正所谓用优秀的人去培养更优秀的人，用一棵树去摇动另一棵树，用一朵云去推动另一朵云，用一颗灵魂去唤醒另一颗灵魂。因此，学校要着力加强师资培训，特别是先进教育教学思想的宣传和培训要

---

①　[美]戴尔·申克. 学习理论(第6版)[M]. 上海：华东师范大学出版社，2012.

②　[法]涂尔干·E. 教育思想的演进[M]. 李康，译，上海：上海人民出版社，2006.

深入每一位教师的职业生涯。

另一方面，不能闭门建设教师队伍，要打开校门，广开师资培养渠道，构建与地方政府、社会、科研院所、行业、企业广泛合作的教师双向引进和培训长效机制，通过不断派出教师到企业学习和合作攻关，同时特聘政府、企业和行业高级管理人员、专家、工程师、科研院所高级研究员等到校任教，以此建设一支由政府、行业和企事业单位广泛参与的多元化双师双能型教师队伍，建立起校内校外双导师共同承担本科生创新活动的教学体系。

(五)开放的教学资源

目前，很多高校的科研平台和实验实训场所在非教学时间是不对本科生开放的，本科生的创新实践活动场所仅限于专业教学实验室，并受实验课教学时限的局限，这在很大程度上限制了学生的创新活动的实践和空间，最终会挫伤学生参与创新实践活动的积极性。这种死板的教学资源管理机制本身反映出来的问题，就是学校在教学观念上对本科生创新能力培养的轻视。这种情况如果得不到彻底改观，本科生创新能力培养就无从谈起。因此，高校要建立完善的实验室开放制度，包括教学实验室、科研实验室、精密仪器实验室、校地协同科技创新平台、大学科技园等在内的各类创新平台都要向本科生全面开放。特别是校地协同科技创新平台，应该成为本科生参与真实校企合作项目、开展创新实践活动的主要“阵地”，可以为学生的创新训练提供优越的仪器设备、空间和资源保障。

二、实践：本科生创新能力培养的基本路径

科技创新的本质就是一个发现问题、解决问题的实践过程，因此，当我们将开放的教育理念贯彻到教学的微观层面，就会发现本科生创新能力培养的必由路径就是“实践”，只有“实践”才能为开放性思维找到科学、合理的最终归宿。1987 年，美国乔治梅森大学教育心理学家齐格林(A. Chickering)和马萨诸塞大学教授盖姆森(Z. Gamson)共同提出了“优秀本科

教学七原则"，并将其解释为"好的实践应该具备的七个特征"，即：①鼓励师生互动；②鼓励学生之间合作；③鼓励积极学习；④及时反馈；⑤强调花时间学习；⑥传递高期望；⑦尊重个人禀赋及学习方式多样性①。笔者认为，这七个特征在当今的本科创新教育教学实践中仍然适用并起引领作用。在当下和未来互联网、大数据与云技术博兴的时代背景下，接受学校教育将不再是人类习得知识的唯一途径，教育消灭无知的功能将逐步弱化，大学正在演变成为帮助人们追求兴趣、掌握方法与培养能力的学习空间②。因此，现代大学若想实现知识的学科逻辑与应用逻辑的双向互动，就必须将理论知识与实际问题相结合，以问题为导向，让学生真正体会到知识的应用性与实用性价值③。因此，身临其境的浸润式学习体验成为必需。这是后信息时代的学习应该呈现出的新生态，那就是实践、实践、再实践！

实践之于创新，就像海洋之于航船，宽广博大却又充满机遇与挑战。认知心理学关于专家与新手的研究结果表明，专家与新手之间的一个重要区别，就是专家头脑中积累有大量的认知模式，可以使专家在遇到新问题或复杂问题时，很快在这些已有的认知模式中找到解决问题的办法，或者把未知问题与已有的认知模式进行更高层级的整合、自洽，从而找到最合理的问题解决途径，这就是创新思维。而这样的认知模式只有在实践活动中才能形成，同时，典型专业任务和专业情境对专家形成多种专业认知模式至关重要④。大学教育就是一个促成新手向专家转变的过程，当然，我们不可能把本科生在校期间就培养成真正的专家，但我们的重要任务是为

---

① 赵炬明. 聚焦设计：实践与方法(下)——美国"以学生为中心"的本科教学改革研究之三[J]. 高等工程教育研究，2018(3)：29-43.

② 李爱良. 大学开放发展的历史、动力和未来[J]. 湖南师范大学教育科学学报，2020，19(3)：109-115.

③ 陈亮. 以学生创新发展为核心的一流本科教育建设[J]. 吉首大学学报(社会科学版)，2020，41(2)：68-70.

④ [美]约翰·D·布兰思福特等. 人是如何学习的[M]. 程可拉等，译. 上海：华东师范大学出版社，2002.

学生从新手向专家成长打下良好的认知基础。这就要求我们必须引领学生在专业情境之下，接受连续不断的实践任务的挑战，从而发展他们把已有知识经验用于解决新问题的能力。

必须说明的是，后信息时代的基本特征决定了学习是具有“反实践”倾向的，因为获取信息越来越容易，会让很多人误认为不需要实践的“躺平”也可获得知识，而这种误解刚好顺应了人类自身的惰性。因此，强调本科生实践的重要性并鼓励实践更具有深刻的现实意义。这里所说的实践不仅仅是指人才培养方案中课程层面上的实验、实习实训等实践课程教学，虽然这些实践课程在本科教学中也具有不可替代的重要作用，是本科生创新能力培养过程中最基础的奠基环节。但我们更应该强调的是以问题解决为导向、以科教融合为宗旨、以项目研究为主要学习方式的创新实践活动，是必须有深度学习参与的实践，是面对未知的实践，和敢于突破自我的实践。这样的实践教学才能真正为学生提供激发潜力、促进发展最大化的、具有挑战性的实践任务和活动平台。

三、深度思考：本科生创新能力培养的基本目标

爱因斯坦认为：“教育不是要记住各种事实，而是要训练大脑如何思考。”当今教育的最突出问题就是没有教会学生如何思考。一方面，在海量碎片化信息的冲击下，“蜻蜓点水”式的不求甚解、浅尝辄止的惰性化学习越来越被大众普遍接受；另一方面，经过中学阶段“应试教育工厂”的“锻造”，现在的本科生大多已经养成了“看书、听讲、背诵、记忆、刷题、考试”的习惯性学习模式，思考似乎反而成了多余，更不用说深度思考了。这种学习能力的退化现象所导致的“智力退化”风险已经对我们的教育敲响了警钟。

我国著名数学家丘成桐先生曾说过，学生的问题不在于“填鸭”而在于不思考。创新思维是创新能力的基础和前提，深度思考是创新思维的生成途径，所谓深度思考是指不满足浅层理解而立足于透过表面现象探求事物本质，不迷信常规而具有独立视角的求异思维。因此，本科生创新能力培

养的关键是引导学生养成深度思考的习惯，唯有深度思考才能不断逼近事物的本质①，这是本科生一切创新的“灵魂”。只有养成深度思考的习惯，学会用创新思维看待事物本质，才能不断实现自我认知的升级，才能在未来社会和职业发展中拥有竞争力优势。

北卡罗来纳大学威名顿分校学生事务助理副校长沃尔克认为，大学教育应设法使学生发展最大化，其方式就是挑战学生、激发潜力、提供支持，学校要为学生学习提供足够的挑战和支持②。没有深度的思考就不会有科学的质疑，也就不会有真正的创新，正如科学发展史上诸多科学结论所经历的一次次颠覆性的修正和创新，均是基于科学家们对自然现象的深度思考而对“铁规定律”产生的质疑。实际上不愿意深度思考才是现阶段本科生最大的“懒惰”，用战术上的勤奋来掩饰战略上的懒惰是影响创新发展的最大障碍。

总之，后信息时代高等教育正面临着前所未有的机遇与挑战，在当今创新型国家发展战略背景下，本科生创新能力培养是高等教育“以本为本”指导思想的应然体现。

---

① 莫琳·希凯. 深度思考：不断逼近问题的本质[M]. 孔锐才，译. 南京：江苏凤凰文艺出版社，2018.

② 赵炬明. 打开黑箱：学习与发展的科学基础(上)[J]. 高等工程教育研究，2017(3)：31-52 (37).

第二章　求异、融合、开放、反思：理工科人才创新能力四要素

联合国科教文组织在20世纪90年代就曾经强调开拓创新能力是与学术能力和职业能力同等重要的面向未来的三张教育通行证之一①。2021年第6期《求是》杂志刊发了习近平总书记的重要文章《努力成为世界主要科学中心和创新高地》，明确指出："创新是一个民族进步的灵魂，是一个国家兴旺发达的不竭动力，也是中华民族最深沉的民族禀赋。"②国家"十四五"规划纲要也明确提出实施创新驱动战略、建设创新型国家、实现制造强国的国家战略目标，从而使应用型本科院校的人才培养面临新的机遇和挑战，创新能力的培养成为应用型本科人才培养的核心任务。我们将如何推进人才供给侧改革，创新理工科人才培养模式，使未来的工程师和企业管理者在走出校门前就能够具备基本的创新素养，具备能够从容面对未来工作中的新问题、新情况、新技术的能力，具备参与产业创新、适应创新型国家和制造强国建设的能力？这是应用型本科院校在现在和未来长期不懈深入研究和探索的课题。

第一节　适应到引领：新时代理工科人才培养的模式转变

我国新工科建设作为工程教育应对新一轮科技革命和产业革命的重大

---

① 胡天立等. 以提升参与度为导向的本科生创新能力培养模式探索与实践[J]. 教育教学论坛，2020(2)：204-205.

② 习近平. 努力成为世界主要科学中心和创新高地[J]. 求是，2021(6).

战略与部署，发展进入快车道。2017年，教育部先后在复旦大学、天津大学召开新工科研讨会，形成了“复旦共识”“天大行动”以及后期的“北京指南”。同年，教育部办公厅又发布《关于推荐新工科研究与实践项目的通知》(以下简称《通知》)就推荐新工科研究与实践项目的相关工作做出部署。2019年教育部成立“全国新工科教育创新中心”，探索形成中国特色、世界水平的新工科教育体系，打造世界工程创新中心和人才高地。至此，标志着我国高等工程教育改革进入一个崭新阶段。

对于“新工科”内涵的理解，教育部在《通知》中给予了相关界定，即“新工科”要求有工程教育的新理念、学科专业的新结构、人才培养的新模式、教育教学的新质量、分类发展的新体系。因此，无论从哪个角度出发，新工科之“新”都需要在适应新经济发展的前提下注入新理念、新模式、新技术等核心要素。长期以来，我国的工程教育侧重对国外工程理念和模式的追随和模仿借鉴，虽然在一定程度上也满足和适应了我国工程领域的发展要求，但是这种“适应”更大程度上是一种被动的教育行为，从内在自主创新发展角度来看，仍然潜藏着一些明显的问题，远远不能满足“制造强国”战略实施以及创新型国家建设和发展对理工科人才的需求，导致创新型人才的结构性失衡。高等教育人才培养不能仅仅满足于适应经济社会发展的需求，而应该走在经济社会发展的前面，担负起对社会进步的引领作用和推动社会进步的历史使命，培养社会主义各建设领域的创新者、引领者。因此，在新工科建设中，高校要从新工科的长远发展和战略意义高度出发，推动理工科人才培养战略指导理念的根本性转变，从被动“适应”走向主动“引领”，对标新工科建设的新理念、新标准、新模式和新文化，建立以“引领”为重要特征的工科人才培养模式，实现对现有人才培养模式的理念、目标、过程和产出的整合优化。

一、局限：传统理工科人才培养存在的问题

当代新经济的发展特征使现代工程问题与信息技术、大数据等紧密联系在一起，越来越趋向于复杂化、综合化，不再是一个单一学科的问题，

其解决方案需要多学科、多层面和多方位的交叉融合。基于此，新工科更加关注工科专业与最新技术，如人工智能、互联网、自动化、大数据、智能制造等技术的深度融合，注重推动工科与理科交叉，工科与人文社科融合，培养拥有能够提供上述综合解决方案，甚至是引领未来科技和工程发展的复合型人才。可见，新工科更加强调适应变化、跨界开放、引领未来。

相较而言，传统的工科建设学科分界明显，比较关注解决当下之需，总体呈现的是一种适应哲学导引下的相对封闭、单一的发展模式。如在人才培养定位上，强调的是适应经济社会发展所需，很少有高校，特别是地方应用型高校敢为天下先，把人才培养目标定位于培养领军型创新人才的高度。这种发展模式，解决了工程教育建设过程中的基本问题，回应了高等工程教育发展实际中的学生需求，解决了工程技术发展面临的技术革新和人才需求的燃眉之急。但在这种发展哲学影响下，高校传统工科人才培养模式在理念、目标、过程和产出上都体现出了较强的被动适应和对标模仿的特征，与我国工程教育发展的最新诉求，高等教育发展的最新要求和工程发展最新需求相比，体现出明显的被动性、模仿性和同质性。

(一)人才培养理念：被动适应，引领性不足

我国高校传统工科教育的发展一方面受制于工科发展大氛围的影响，另一方面也内含于高校人才培养小气候之中，人才培养模式在建设的基本理念上体现出了较为明显的被动适应性，直接体现在对于世界工科教育发展的依赖和追随，以及对世界工科人才培养体系的遵循程度上。我国高校传统理工科人才培养模式近年来一直紧跟世界工科教育发展前沿，以世界工科教育人才培养体系为范本，推动我国工科人才培养的对标建设，以此适应世界工科人才培养体系。这与我国过去工程技术很多尖端领域的长期落后分不开，体现的是理工科人才培养模式在发展理念上的“适应”本质。一是追随和被动适应国际高等教育和高等工程教育的理念和模式，二是被动适应我国科技发展和经济发展国家战略的实施对工程科技人才的需求和

要求。尽管这种"适应"对当时当地我国理工科人才培养模式的建立、完善和发展而言是必要的，但也体现出了缺陷和不足，长期的跟跑和被动适应，使我们至今没有形成能够指导高校理工科人才培养实践的先进理念。

因此，理工科人才培养理念引领性不足，是目前我国高校理工科人才培养模式面临的一个共性问题。从这个层面来看，我国高等工程教育发展仍处于相对较低的水平。大部分高校的理工科人才培养理念是国外工程教育理念的再版和翻版，导致我们的人才培养受制于国外理工科人才培养理念的影响，难以激发内在潜力，同时很难在高等教育国际输出过程中展现人才培养的优势和特色。如何摆脱人才培养理念上被动适应、引领性不足的现实困境，是推动我国高等教育理工科人才培养高质量产出、走向国际、高质量落实新工科建设所必须解决的一个顶层设计问题。否则就无法实现我们的制造强国之中国梦。

（二）人才培养定位：对标模仿，原创性不够

理工科人才培养目标定位的依据，一是要依循工程教育的内在规律，二是要满足经济社会工程科技发展对人才素养的要求。科学合理地定位人才培养目标是实现高校理工科人才高质量培养的关键。

改革开放以来，随着我国社会经济的迅猛发展，工业化程度越来越高，科技产业不断转型升级、迭代发展，特别是进入信息化时代以来，社会对各行各业各类人才创新能力的要求也越来越高，从而推动高等教育不断更新办学理念，推进教育的深层改革。在此大背景下，加之近年来受世界发达国家和国际高等教育发展的影响，我国理工科人才培养范式正在发生深刻的变革，不仅在培养理念上保持与世界工程教育的发展同频同向，在培养目标定位上也体现出了对国际标准的追随和模仿。

以工程教育专业认证为例。目前国际上工程师互认体系的六个协议中，国际化程度较高，体系较为完整的是《华盛顿协议》。该协议是在 1989 年由来自美国、英国、加拿大、爱尔兰、澳大利亚、新西兰等 6 个国家的民间工程专业团体发起和签署的，主要针对国际上本科工程学历（一般为

四年）资格互认，确认由签约成员认证的工程学历基本相同，并建议毕业于任一签约成员认证的课程的人员均应被其他签约国（地区）视为已获得从事初级工程工作的学术资格。经过几十年的发展，尽管目前只有包括中国在内的10个正式会员（分别为来自美国、英国、加拿大、爱尔兰、澳大利亚、新西兰、中国香港、南非、日本的民间团体和中国科协）、5个预备会员（分别为来自德国、马来西亚、新加坡、韩国以及中国台北的民间团体），但该协议却成为国际高等工程教育最具权威性的专业认证标准，是加入其他相关协议的门槛和基础。我国教育部在2007年才成立了全国工程教育专业认证专家委员会和监督与仲裁委员会，2008年出台委员会章程和专业认证试点办法，2009年开始在少数高校的少数专业点开始试点开展工程教育专业认证工作。为了促使高等工程教育尽快融入世界高等工程教育体系，跟上国际工程教育发展的步伐，2013年，我国申请加入《华盛顿协议》成为预备成员，2016年年初接受了转正考察，成为这一国际本科工程学位互认协议的正式会员。

在对标国际工程教育认证规则的基础上，近年来我国高等工程教育专业认证逐步走向规模化和规范化，并成为各类高校工科教育和理工科人才培养模式改革所追求的目标和范本。毋庸置疑，这种追随和模仿极大推动了我国高等工程教育的改革和发展，也在很大程度上对我国理工科人才培养定位产生了深刻影响。目前，很多学者都提出我国高等教育人才培养目标定位存在明显的同质化现象，一是由于简单粗暴的借鉴和模仿，造成与国外高校出现较大的重复性和相似性；二是国内高校之间出现同质化。对国际工程教育模式的盲目追随可能导致的严重后果，一是人才培养目标定位与工程技术发展的不对称，我们的工程发展并未达到国外工程发展的层次和程度，而我们的人才培养目标定位却已经与之同步了。二是缺乏对现实和实践的关照，部分高校一味追求高标准，而不考虑自身发展实际和地域经济社会产业发展所需，从而导致人才培养质量的下降和供需不对称的局面，最终也会把部分高校的工科人才培养引入一个错误的发展方向。

(三)人才培养过程：结构失衡，实践性不强

知识与能力是人才培养的两个关键要素，知识和能力的二重结构是高校人才培养过程需要平衡和处理的一个重要关系。工程实践能力和创新能力的培养应是理工科人才培养的主要任务。但是，在学科知识论的影响下，我国传统高等工程教育以知识为中心开展人才培养的基本过程，过分关注知识教育而忽视能力培养，造成理论与应用的类型分立、学与术的等级分割、知识与能力培养结构的失衡①。这也是我国高校传统理工科人才培养模式被动适应的结果。因为我们虽然在工程教育理念上保持与国际同步，但是实际在教育实践层面上却没有真正扭转长期以来形成的重理论轻实践的局面。如此一来，工科学生的理论知识可能达到一个非常高的程度，但是其具有的实践能力与国外同类型同专业的学生相比尤为欠缺。简而言之，我国高校理工科人才培养仍然以“知识教育”为中心，“实践教育”并未真正达到工程教育的目标要求。如何尽快摆脱被动适应的现状，真正确保理工科人才培养过程的实践性，提高工科人才的工程实践能力和创新精神，需要新工科建设着力去解决和实践。

(四)人才培养产出：同质同化，特色性不显

人才培养的产出质量是对高校人才培养模式检验的最重要指标。过去几十年，高等教育为我国经济发展贡献了大量优质的人才，对我国经济发展的奇迹发挥了巨大的推动和促进作用。但是不可回避的问题是，在过去相当长的一段时期内，我国高等教育发展结构失调，只分层次等级不分类别，造成高校之间攀比现象严重，地方本科高校盲目追求办学层次的提升，在办学定位和人才培养目标上一味模仿重点大学而不顾自身实际，造成人才培养的严重同质化。

---

① 陈伟，易芬云，吴世勇. 新工科人才培养的目标逻辑和过程逻辑[J]. 高教探索，2020(10)：42-48.

理工科人才培养也面临同样的问题。工程教育的发展与经济发展的关系是十分紧密的，主要体现在，经济的发展和工程技术的革新依赖于理工科人才的培养，反过来也为工程教育提出了人才培养质量的要求。近年来我国高等教育的快速发展，为理工科人才的培养提供了前所未有的资源和机会，人才培养规模快速增长，但是，大规模培养的背后也折射出一个潜在特征，即理工科人才整体质量和培养特色的问题。有研究发现，理工科毕业生在走向职业岗位后，在专业能力和工程素质上并没有表现出明显的优势，自身所体现的发展特色十分不明显。缺乏必要差异和特色的人才培养产出，反映的是我国高校理工科人才培养模式的内在局限，说明我们并未真正充分结合地区、高校、学科和专业的特色，实施多样化和个性化的人才培养模式。过分强调人才培养规模的扩增而忽视了理工科教育内在的规律，过分注重理工科人才培养的周期和成本，而忽视了人才培养的质量。最终结果必然是培养的理工科人才在劳动力市场上体现出明显的同质化和雷同性。如何打造工科人才的多样化、个性化和特色化产出，是新工科建设的一个现实而重大的课题。

二、引领：新时代理工科人才培养模式的发展思路

传统理工科人才培养模式中所表现出的局限性，从根本上看，是与我国传统理工科人才培养的“适应”哲学和逻辑分不开的。当下和未来，面临“制造强国”和产业转型升级的发展新要求，被动适应的模式早已经无法适应我国经济社会发展新态势和新工科建设的新形势。在新工科建设背景下，工程教育理念应该尽快由被动适应转向主动引领发展①，建立以引领为主要特征的新型理工科人才培养模式，强化理念引领，推动技术引领，实现原创引领，突出特色引领，培养高素质创新型工程科技领军人才，从而更好的助力社会经济转型升级，为“中国制造”建设目标的实现提供强有

① 张吉军. 新工科背景下大学生就业能力提升路径探索[J]. 黑龙江高教研究，2018(5)：130-133.

力的支撑。

(一)强化人才培养理念的引领性

具有引领性的工科人才培养理念是新工科人才培养模式建设和发展的关键。尽管每个国家每所学校所采取的人才培养方式不同，但能否站在一定的高度，及时甚至超前对国家和时代的要求做出回应，是当今一流大学建设的基本要求。我国传统工科人才培养模式之所以相对落后于发达国家，既有我国过去和现时工程技术发展基础薄弱的原因，也有工程教育理念被动适应的问题。完全被动适应的工科人才培养理念关注更多是当下和局部，缺乏对世界未来和人类整体命运的高度认知，缺乏对全球事务的参与和竞争意识，自然难以培养引领工程教育发展的高端创新人才。

我国社会主义现代化建设各领域需要大批的领跑者，因此，面对新时代新工科前所未有快速发展的大好局势，高校要主动出击，在理工科人才培养理念上首先实现扭转，站在全球、未来、人类社会发展的高度，全面树立具有世界引领性的理工科人才培养理念，树立引领理工科人才培养的办学思维，实现我国工科人才培养的实践超前，奠定我国工科人才培养的基础。

这里所说的“引领”，是指高校在紧密结合国家创新科技发展战略和学校办学实际的基础上，深刻认识高等教育的人才培养、科学研究、社会服务和传承创新四大职能的内涵，将办学理念定位在对区域经济发展和产业转型升级的引领作用上，同时，也要有培养一流人才，引领世界工程科技以及工程教育发展的勇气和底气。

(二)坚持理工科人才培养定位的引领性

新工科到底要培养什么样的人才？陈伟等学者认为新工科人才培养的目标定位必须包含并坚持复合性、创新性、工程性、智能化等逻辑要素，其中人才素质的复合是前提，创新是关键，工程是要旨，智能是趋势。上述逻辑要素的结构性目标则在于实现工科人才培养的“转识成智”，即转化、整合人文、科学、技术、工程以及社会等各类知识，帮助学生达到明体达用、返本开新的“智慧”境界①。可见，目前新工科建设的一个关键性任务就是根据我国工程技术发展的现实和未来趋势，改变现有“适应”哲学指引下的人才培养目标，从工程技术的跟跑者和适应者培养定位，转向工程教育和工程技术的领跑者培养定位。为此，高校要以新工科建设的眼光，重新审视当下的人才培养定位及目标，充分结合高等教育发展的需求和工程产业发展的需求，不再照搬发达国家的老路，也不走传统工程教育人才培养的旧路，而是要开辟一条符合中国工程技术未来发展需求，符合中国工程教育特色和工科人才成长规律的人才培养新路，在充分考虑人才培养目标先进性、合理性、可预期性的前提下，把人才培养理念定位在培养兼备家国情怀及全球素养，同时具有知识融合与集成创新能力、通达科学思维与工程实践方法、熟悉信息处理与智能运用的高素质、创新型的行业和产业科技的领军性人才上，而不是培养仅仅能够被动适应区域经济发展现实需求的人，从而实现工科人才培养的目标示范。

（三）突出理工科人才培养过程的实践性

工程技术的本质特性就是“实践”，因此，理工科人才的培养必须坚持实践导向。新工科人才培养过程必须扭转传统工科教育中重学轻术、重理论轻实践的错误导向，强化工程实践和创新实践教学体系建设，大力推进理论与实践的跨界，促进课程学习、科技创新和工程实践的有机融合②。

一是构建理工科人才培养的多元主体机制。与地方政府和企业紧密合作，充分利用政府、行业、企业的工程教育资源，建立产业学院、实验班、创新班等政、校、企跨界的联合培养模式，从而更好地实现学校教育与产业部门、理论教学与实践训练的融合。

---

①　陈伟，易芬云，吴世勇. 新工科人才培养的目标逻辑和过程逻辑[J]. 高教探索，2020(10)：42-48.

②　盖江南，赵自强，姜广峰. “大化工”工程创新人才培养新模式的探索与实践[J]. 高等工程教育研究，2016(2)：95- 98.

二是构建多元复合的课程体系。复合型人才的培养是新工科人才培养的目标定位之一。所谓复合型人才，是指具有宽阔的专业知识、广泛的文化教养和贯通理工和人文的知识结构，能够将理论和实践有机结合，具有和谐发展的个性、创新能力和发展潜能的人才。当今信息社会的重大特征就是学科交叉、知识融合和技术集成，“复合”也应该包括知识复合、能力复合、思维复合等多方面。因此，复合型人才培养过程中，课程体系的架构必然涉及人文、科学和工程等多个方面的知识范畴，这就需要整合多学科资源，以培养知识综合和跨界思维为目标，重构通识课程、优设专业课程，精创科研创新实践课程，推动工程教育课程结构体系的优化。

三是构建形式多样的科技实践教学体系。借助多元协同的科技创新创业平台，鼓励学生积极参加各种创新创业活动、科研创新项目、学科竞赛等，通过以赛促教、以赛促学，加强建设理工科实践环节，充分满足学生实践创新能力获得的基本需求，提高学生科研意识和工程实践能力。

总之，新工科建设需要彻底改变以往知识导向的人才培养观念，构建以学生为主体、多元交流、深度互动，契合学生个性需要和期望的全新高校课程教学范式①。突出人才培养过程的实践性，实现理工科人才培养的主体协同、资源协同、管理协同、教学协同的育人模式。

（四）打造理工科人才培养模式的特色性

林健认为，新工科建设的本土化，要求我们在新工科专业建设及其人才培养过程中要特别强调中国背景、中国需要、中国标准、中国模式和中国特色②。教育部《关于开展新工科研究与实践的通知》中也提出了要建设新工科分类发展的新体系。

从国家层面来看，我国理工科人才培养要想在世界高等工程教育的舞台中脱颖而出，凸显优势，就必须尽快摆脱追随与模仿的现状，在特色上

① 张海生，张瑜. 多学科交叉融合新工科人才培养的现实问题与发展策略[J]. 重庆高教研究，2019(6)：81-93.

② 林健. 面向未来的中国新工科建设[J]. 清华大学教育研究，2017(2)：26-35.

下工夫，以特色求发展，以特色求质量，以特色促引领，在人才培养中国特色上寻求突破和超越，以高质量工科人才产出彰显我国工程教育的话语权，从而形成良性的循环，实现理工科人才培养质量的持续提升。

从高校层面来看，要尽快突破同质化发展的魔障，不同类型的高校要充分考虑学科专业结构、区域经济发展与产业需求等现实条件，在满足理工科专业人才培养共性要求的前提下，积极培育自身的人才培养特色，做好人才培养模式的顶层设计，充分挖掘高校内在的工程教育特色，进一步凝练新工科的特色发展方向和特色发展模式，让传统工科专业焕发新机，让新工科专业找到生存空间，为理工科人才的特色培养奠定基础。

第二节　本科理工人才创新能力的内涵

一、本科生创新能力培养的必要性

（一）本科生创新能力培养是新时代应用型本科院校人才培养的合理定位

在普通高等学校分类发展，地方本科院校向应用型转型的大背景下，地方本科院校错位竞争、差异发展，将目标定位于应用型人才培养已是不争的共识，然而困惑也随之而来：应用型人才是否需要具备创新能力和素养？本科生是否应该具备创新能力和素养？是不是只有研究型大学才需要培养学生的创新能力？或者说是否只有研究生教育才有责任注重创新能力培养？应用型地方本科高校与研究型大学、职业技术学院在人才培养定位问题上的主要区别是什么？这一系列问题都需要探讨和厘清。

毋庸置疑，地方本科高校转型发展的核心是突出应用型和地方性，但这绝不意味着办学层次和办学质量的降低。地方高校的转型发展要做到两个符合：一要符合高等教育发展规律，有高质量的学科专业支撑，能培养高素质的人才，体现大学职能；二要符合地方经济社会发展需要，学科建设与专业设置和人才培养模式改革、科技创新与平台基地建设等都紧紧围绕地方经济社会发展需要而进行，努力成为支撑地方产业升级的人才培养和科技创新基地。

国家社会主义现代化建设既需要基础科学前沿的研究突破和高精尖技术领域的颠覆性创新，从而解决制约国家创新发展的卡脖子问题，同时也需要大批科技应用领域的改良性、革新性创新成果，需要大批能够转化成生产力的应用型科技成果。如果说前者是国家科研院所和研究型高校的任务，那么后者就是地方应用型高校应该承担的历史使命。因此，在人才培养定位上，研究型高校培养的是能够在重要科技领域承担重任的科学研究者和领跑者；地方应用型高校培养的是具备能够运用创新技术和创新性地运用技术的能力的管理者和工程师；职业技术学院培养的则是技能型、岗位指向较为单一的一线技术工人。因此，在科教兴国、人才强国、建设创新型国家的战略背景下，无论哪一类型哪一层次的高校，都必须注重学生创新能力的培养。培养在掌握系统知识体系、具有较强实际操作和知识运用能力的基础上，具有一定创新能力、能够适应未来科技快速发展的复合型应用型人才，应该是我们地方应用型院校的人才培养目标导向。

（二）本科生创新能力培养是新时期“大众创业、万众创新”的必然要求

李克强总理在2015年政府工作报告中反复强调的“大众创业、万众创新”被视作中国新常态下经济发展“双引擎”之一。创新是创业的灵魂要素，唯有通过创新，才能改造传统产业，促进产业转型升级，催生新兴产业和未来产业。因此，只有具备创新意识和创新能力的人才具备创业能力。应用型本科院校作为地方人才高地和智力高地，培养与创新创业型社会需要相适应的大量应用型、创新性人才是义不容辞的责任。应用型本科院校要迅速找准位置、适应新常态，着力培养应用型创新人才的转型势在必行。

（三）本科生创新能力培养更符合新常态下企业用人需求

21世纪是信息和智能时代，世界科技发展日新月异，科技创新成为推动经济发展的关键动力，创新型国家的建设目标对产业革命和企业创新提出了更高的要求。没有创新人才做支撑，企业将很快失去生存和发展的空间。因此，对创新型人才的渴求已经成为行业、企业生存和发展的一种必然。特别是地方中小企业是国民经济发展必不可少的重要组成部分，也是创新型国家建设的重要支柱，而其人才队伍的主力军是本科毕业生。因此，地方本科院校作为地方行业和企业的主要人才储备库，以及地方产业转型升级和创新发展的重要支撑。虽然在人才培养上不能盲目跟风研究型大学，追求学术性目标，但也不能把人才培养的标准降低到“只要实践动手能力，不要创新和个性发展”。而是应该把人才培养的着力点放在科技应用创新能力的培养上，即毕业生应该具有面对生产实践中的各种情况能够发现问题、提出问题、勇于创新，并能够创造性地解决问题的能力。

二、求异、融合、开放、反思：理工科人才创新能力四要素

中国工程院谢克昌院士认为，创新型人才结构具有普遍性、层次性和多样性，主要包括领军型创新人才、研发型人才和应用型人才三个层次。领军型创新人才的创新活动主要体现在科学发现，研发型人才的创新成果主要是科学方法创新和技术原理创新，而应用型人才的创新则主要是技术集成创新和技术应用创新①。所谓技术集成创新，是指运用多种技术要素，创造性地重组产生一种新的技术成果，某种意义上来说就是技术发明；所谓技术应用创新，顾名思义就是在技术应用过程中发现其适用性缺陷，并对缺陷进行弥补和完善，简单讲就是技术革新。也就是说，应用型人才的

① 谢克昌．创新型工程科技人才的培养[J]．宁波大学学报（人文科学版），2010，23(3)：1-5.

创新能力主要表现为技术发明和技术革新能力。从这个层面概括的话，笔者认为应用型本科人才的创新能力应该包括以下四要素：一是求异思维能力，即新技术元素的探知能力，我们将其简单概括为“求异”；二是知识以及技术要素的综合运用能力，即知识与技术的集成能力，我们将其简单概括为“融合”；三是以开放的思维和眼光宏观理解和把握技术创新各环节、各要素之间关系的能力，即创新组织的宏思维能力，我们将其简单概括为“开放”；四是对创新方法、创新手段和创新过程进行反思的逆向思维能力，即技术反思能力，我们将其简单概括为“反思”。求异、融合、开放、反思这四个方面的能力相互交叉，共同构成应用型本科人才创新能力的主要结构框架。

（一）求异：新技术元素的探知能力

潘懋元先生曾经指出：“创新型人才应具备一定的求异思维能力，能够对具体问题进行理论分析，提出质疑，敢于批判。”①求异性思维是培养问题发现能力的基础，是一切创新行为的前提，是整个创新过程中最根本的要素。应用型人才在技术创新过程中的求异思维能力主要体现在两个方面，一是自觉抓取和准确筛选科技发展前沿信息中与所从事的技术应用相关的有效信息，这不仅需要创新者具备问题发现能力，还必须具备积极主动的心理取向和精神状态；二是在技术应用过程中能够敏锐捕捉现有技术参数与该项技术所投入的环境发展各种因素之间的错位点，从而发现技术革新的突破点的能力，或者能够在固有的习以为常的工作事务中发现创新点的觉察力。

心理学研究证明，随着年龄的增长，人的认知思维会不断被经验性和规范性知识所束缚，就会逐渐丧失探索与发现的好奇心和想象力②。脑科学研究已经证明，本科生所处的年龄段正是大脑发育趋于成熟的最后阶

① 潘懋元. 应用型人才培养的理论与实践[M]. 厦门：厦门大学出版社，2011.

② 孙小军. 高校大学生创新能力的培养策略研究[J]. 高等教育研究，2015(3)：61-63.

段，也是理性思维最终形成并走向成熟的最关键时期①。因此，求异思维能力的激发和塑造是本科生创新能力培养中首先应该着重解决的问题。

(二)融合：知识与技术的集成能力

当前，在学科分化越来越细的同时，工程技术也越来越趋向于整体化和复杂化，因此，对于应用型人才的创新能力而言，其最重要的是能够综合运用多学科知识和技术要素去解决生产实践中的复杂问题。这种综合能力不是知识或技术要素的简单加和，而是多学科知识与技术的有机融合，这是应用型人才创新的逻辑起点，包含三个层面的含义：一是多学科的知识结构和视野、扎实的专业能力与技能，这是技术创新的基石，缺之，则创新能力就是空中楼阁；二是知识的综合运用能力和技术要素的综合集成能力，是指当面对具体问题时能够迅速调集相关学科专业知识进行分析论证，综合相关技术组件解决技术障碍的能力；三是能够将知识与技术相融通的能力，即知识迁移能力和知识与方法的综合运用能力。这三个层面的能力在水平上表现出一定的层次性，但在本科生创新能力培养过程中却表现出一定的融合性。

(三)开放：创新组织的宏思维能力

宏思维能力是指能够以开放的战略眼光从整体中认识和把握问题，对重大问题的各要素、各方面以及全部流程进行整体联系、综合施策的观察、觉知和思辨能力。在工程技术创新实践及其组织管理过程中，宏思维能力表现在对技术创新活动的高度统筹和把握能力上，这一能力决定着创新者的创新决策是否准确、全面。

宏思维能力是应用型人才创新能力内涵的核心要素，在创新实践中起着把方向、统全局的作用。宏思维能力的内涵包括了全局性思维能力、客

① 赵炬明，打开黑箱：学习与发展的科学基础(上)[J]. 高等工程教育研究，2017(3)：31-52 (37).

观理性思维能力、战略性预判能力，包涵了宏观与微观结合的立体思维、纵向和横向结合的全局思维、整体与局部结合的普遍联系思维、客体与主体结合的系统思维。其关键属性在于“开放”二字，即创新者思维的开放性、灵活性，不狭隘，不封闭，主要体现在创新者是否具备整体性的科学技术观，能否以全局的视野将科技创新活动放到社会发展的大背景下进行观察分析和思考，能否将工程技术与科学、社会、经济、人文、艺术等结合起来，将大人文精神和自然科学相融通，从纷繁复杂的事物联系中寻找正确的问题解决方案。多学科的知识、技能及其结构性集成是宏思维能力最基本的组成要素，在此基础之上，正确的世界观和方法论、社会责任感、职业道德、组织与管理能力、哲学思辨能力组成其“上层建筑”。

宏思维在本质上体现了唯物辩证法及其对立统一的哲学思想，是一个双向的过程，一方面，创新者要有从复杂到简单的整体性思维能力，即能够通观全局，从纷杂多变的事物中归纳总结、抽丝剥茧，迅速抓住本质特征，去粗取精，找到问题解决的方案；另一方面，还要有从简单到复杂的发散思维能力，即把单项事件放到相关因素的大环境中给予全面综合的考虑和分析，做到发展演绎、触类旁通、举一反三①。从具体形式上，宏思维能力是指从整体上思考问题，采用理性科学手段，善于综合运用各种组织形式，调动一切有利因素解决复杂问题以获得最佳效果的能力，进一步体现在发散性思维与整合性思维的有机结合中，表现在创新者探索视角的多元化与关照共性、接纳对立性观点并存的思维模式，如创新者能够摒弃偏见、众采所长，以建设性的方式处理不同的观点，以创新形式消除对抗。

概括来讲，宏思维体现了创新思维的系统性和整体性，是创新能力培养的重要内容。宏思维能力的培养体现了以人为本培养“全面的人”的教育真谛。中国工程院李培根院士认为宏思维体现了方法观、社会责任感和宏

---

①　郑直. 应用型本科院校学生创新能力培养的内涵与路径[J]. 社会科学家, 2016(12): 114-118.

伟目标，提出应该在大工程观背景下思考工程教育，对大学生进行宏思维能力培养，① 强调“新工科”之新，首先在于要培养具备新素养的工程人才，而宏思维就是新素养的重要体现②。在当前世界科学技术与社会、经济、文化、艺术、道德、环境等多种因素的整合趋势越来越显著、整合程度越来越高的大背景下，这是本科教育在人才培养上所应有的应对态度。

因此，宏思维能力应该是大学生创新能力培养的核心要素，这是社会可持续发展、民族进步和人才培养的迫切需要。

首先，大到诸如健康安全、环境恶化、生态失衡、资源短缺、粮食安全、能源危机等越来越复杂而严峻的全球化问题，小到国家经济社会领域中各行各业面临的大大小小的科技攻关难题，其多学科多领域融合的趋势越来越凸显。如人工智能学科研究就包括了知识表示、自动推理和搜索方法、机器学习和知识获取、知识处理系统、自然语言理解、计算机视觉、智能机器人、自动程序设计等多方面内容，其技术研发除了涉及计算机科学以外，还涉及信息论、控制论、自动化、仿生学、生物学、心理学、数理逻辑、语言学、医学、社会学和哲学等多门学科。这些都需要大批具备战略思维和开放、发展眼光的科技创新人才，从全局统筹考虑、科学施策，才能获得问题解决和创新成果。

其次，中华人民共和国成立以来，我国高等教育的主要特征是以专才教育模式为主。尽管近年来加强基础及通识教育已成为本科教育教学改革的广泛共识，，教育工作者也从不同层面对学科体系和内容进行了改革，但由于长期受专业教育思想的影响，高等教育工作者，尤其是应用型本科院校的管理者和教师，在对本科生的学科知识综合运用能力、复杂问题解决能力的培养上并没有引起足够的重视，学生仍然缺乏宏思维能力的相应训练。一旦进入专业学习，教师和学生的视野往往专注于具体细分领域，着重于专业的核心知识，而对于专业学科综合、专业与经济社会发展，以

① 李培根. 工程教育需要大工程观[J]. 高等工程教育研究，2011(3)：1-3.

② 李培根. 新工科何以为新[J]. 高等工程教育研究，2017(4)：1-4+15.

及国家战略、全球性问题等的辩证关系，则缺乏相应的独立思考。传统的课程设置和课堂教学模式也多以专业知识传授为主，很难满足新时代高等教育对创新人才培养的目标要求。因此，强调知识的广博与贯通，贯彻多元文化的学习是宏思维能力培养的基础。当前，国内学者已经逐步认识到宏思维能力在本科生创新能力培养中的重要作用，但是如何在教学活动中充分体现宏思维能力的培养是一个挑战性难题，需要高校教育工作者长期努力的探索。

(四)反思：技术反思能力

技术反思能力是指创新者对技术应用和技术创新活动过程的审视、反思和修正能力。技术反思能力的含义包括三个维度，一是对技术应用本身的反思能力，即在技术应用过程中，能够利用所掌握的知识和信息，主动对技术参数进行分析和反思，从中发现创新点的能力；二是站在科学价值观的高度对技术创新成果的社会价值和经济价值进行反思的能力；三是对技术创新活动本身的反思能力，即在技术创新活动的每一个阶段，或每一个困难节点，是否能够不断地对创新过程进行冷静客观的审视和反思，从而及时改进方法，把握和修正创新活动的方向①。四是对创新者自身的反思，即对自己的创新理念、创新思想、创新思路、创新方法以及创新能力进行反思，能够客观全面地自我审视、自我反思，及时发现自身的不足，并善于针对自身不足借鉴他人经验，取长补短。

技术反思能力是科技创新能够顺利开展的基本保障。科技创新活动是一个艰难曲折的过程，可能会经历多次的失败，也可能会面对价值和效益的质疑。技术反思能力能够使创新者在技术应用过程中避免习以为常的思维惯性，敏锐捕捉到其要素缺陷，发现创新点；能够使创新者在面临失败时，能够冷静查找创新过程中的不足和漏洞，从而发现突破瓶颈的方法和

---

① 郑直. 应用型本科院校学生创新能力培养的内涵与路径[J]. 社会科学家, 2016(12): 114-118.

路径；能够使创新者客观审视创新成果的社会价值，避免创新活动误入歧途。苏格拉底曾经说过："未经自省的人生没有意义。"那么，我们也可以说没有自我反思的创新活动也是没有意义的，没有自我反思能力的人，不可能成为创新者。

因此，技术反思能力在创新实践过程中的表现就是创新项目管理能力和自我管理能力，是不畏困难、客观积极的创新精神的一种体现。创新精神是创新活动的支撑力量和动力源泉，主要包括三个方面的内容：一是不懈努力的坚持精神，即在创新实践过程中面对困难所表现出的"不解决问题决不放弃"的顽强毅力；二是甘于奉献的敬业精神，即对所从事的工程技术行业怀有尊重和热爱之情，能够把所从事的工作当成终身追求的事业而不仅仅是养家糊口的职业，在创新实践过程中能够表现出强烈的社会责任感、职业道德和职业操守以及团队协作的意识和能力；三是严谨求实、开拓进取的科学精神，即在创新实践过程中能够实事求是，克服主观臆断，坚持以科学的态度看待问题、评价问题，而不借用非科学或者伪科学的手段，表现出理性、实证、求真、民主、开放、批判的自然心态和精神意志。

总而言之，本科教育的目的，应该是帮助学生建立起能够从容应对未来人生各种问题的科学的方法论，以及更好的思维模型，而不仅仅是让学生获得更多的知识。在一个落后的思维模型里，即使增加再多的信息量，也只是低水平的重复。而我们在这里所讨论的"求异、融合、开放、反思"创新能力四要素，归根结底就是一种不受专业思想和背景局限的自由、开放的创新思维模型，掌握了这种思维模型，创新者就会拥有无限的创新发展空间，不会固步自封也不会人云亦云。思路决定目标和方向，思维决定路径和成果，好的创新思维模型可以指导帮助学生快速找到正确的创新思路和行动路径，形成有价值、有意义的创新行为模式。因此，对于本科生的创新教育而言，创新思维模型的构建是最重要的前提，也是最主要、最关键的内容，当前高校的课程改革和教学模式探索应该以培养学生的创新思维能力为出发点和落脚点，否则，缺乏创新思维的坚实基础，学生的创新能力就不可能有发展提升的空间，创新教育也就成为一句空谈。

第三节　本科生创新能力培养路径

创新能力是一种综合素质，本科生创新意识和创新能力培养是一项系统工程，需要全方位、立体式展开。宏观来讲，本科生创新能力的培养就不仅仅是教学层面的工作，更不仅仅是教师群体的责任，而是关乎全体管理者和教师，涉及从教学模式改革到课程体系构建，从科研评价体系改革到创新平台建设，从教师队伍转型到校园文化建设等高等教育管理全方位、学校办学各方面的教育教学理念和实践路径的转变。

一、构建融合贯通的创新教育课程体系

课程是实现人才培养目标的关键媒介，构建适合本科生创新能力培养的课程体系，是创新型人才培养模式改革的首要任务，要改革传统的课程体系，注重学科间的交叉，注重创新创业课程模块的构建，注重理论课程与实践课程的相互渗透，注重专业课程与通识类课程、创新训练课程的相互融合。

(一)通识课程与专业课程相融通

"求异、融合、开放、反思"创新能力四要素充分说明，我们必须以宏观视野来培养创新型人才，不能将视野局限在狭窄的专业和技术领域，而要以广博的人文、社会及科学史等通识学科奠基，提升学生的人文素养，训练其能够将科学技术与社会、经济、文化要素相融通的宏观思维能力。因此，通识课程改革势在必行。一方面，通识课程自身要敢于打破学科壁垒，体现学科交叉和视野。另一方面，也是更重要的一点，就是通识课要与专业课紧密结合。通识课程要针对不同学科专业，在教学内容上找到与专业能力要求相融洽的结合点，同时也应该要求和鼓励学生跨大类学科选修通识类课程，如要求理工科学生选修一定学分的文史类、管理类、艺术

类以及哲学社会类课程，同时要求文科学生选修一定学分的心理学、逻辑学、科学技术类课程。

表 2-1　应用型本科院校融合性通识课程示例

序号	课程种类	课程示例
1	哲学与科学技术	西方哲学智慧、分析哲学、科学技术史、从爱因斯坦到霍金的宇宙、科学技术与社会、笛卡儿及其哲学思想、艺术哲学——美的诞生、科学技术哲学讲座、科学思维与科学方法
2	中华文化与历史传承	丝绸之路上的民族、唐宋词鉴赏与美学意义、中国古典艺术赏析、《论语》中的人生智慧与自我管理、中国音乐历史解读
3	社会热点与世界视野	港澳台研究、中国周边安全环境报告、当代世界政治与国际关系、美国文化、欧洲文明概论、当代中国与世界认识方法、外国教育启示录
4	自我认知与人生发展	人际关系学、有效沟通、日常生活与个体社会、跨文化交际、哲学与人生、形式逻辑、逻辑思维与职业生涯、创业与人生、逻辑和批判性思维、批判与创思维、系统论、控制论
5	经济管理与法律基础	市场经济理论、现代企业产权法律制度专题讲座、人文主义视角下的公司资本制、中国法律传统
6	文化修养与艺术鉴赏	美学导论、艺术鉴赏与审美体验、中外名曲欣赏、跨文化交际、钢琴艺术史与欣赏、摄影艺术与创作、中国古建筑文化与鉴赏、科学与文化的足迹
7	环境与科学	环境与健康、环境保护与可持续发展、环境与科学、全球变化生态学、生态文明、地球历史及其生命的奥秘、人文视野中的生态学
8	信息技术与社会	数据库技术基础、数字化学习与生存、信息素养—效率提升与终身学习的新引擎
9	科学技术与人类文明	前进中的物理学与人类文明、基因与人、人文视野中的生态学、物理与人类生活、生命科学与伦理、化学与人类文明

（二）创新创业教育课程与专业课程相融通

目前，很多高校的创新创业课程是单列的，其开设以不改变原有课程体系为前提，不仅课程设置数量少，而且课程内容与专业教育相隔离。一方面，这种设置方式并没有体现出创新创业课程的重要地位；另一方面，独立于专业课程体系之外、与专业教育相脱节的创新创业课程难免流于形式，很难起到真正的教育效果。再一方面，多数创新创业课程的教学方法仍是陈旧的课堂讲授，任课教师只是单纯向学生介绍一些职业规划的方法，而不是结合专业学习安排相应的创新实践活动，这样的创新创业课程形同虚设。

笔者认为，要想真正在课程层面实现创新型人才培养的意图，就必须将专业课程与创新创业课程全部打通，融合在一起，以模块化形式推进课程改革。这种融合主要是专业内容和教学模式上的融合，也就是说，以专业知识充实丰富创新创业课程内容，课程教学直接以科技创新实践活动形式开展，而不再是课堂上的传授和说教。

（三）专业理论课程与专业实践课程相融通

当前，多数本科高校人才培养方案中专业课程的设置存在三个较为严重的弊端，一是实践课程学时比例不足，多数高校多数专业理论课程占总学分的70%以上。理论课时与实践课时比例失调，导致实践课程因课时不足而无法真正开展学生自主的学习活动，从而导致师生重理论轻实践的现实局面；二是理论与实践结合不紧密，在课程设置上往往遵循先理论后实践的逻辑顺序，导致实践课程教学活动变成了对理论内容的验证，而不是探究；三是在专业课程学习中，学生的视野被动局限于划分过细的分学科领域知识，对其他学科认识较浅，学科、专业课程内容的相互隔离，对于学生知识的广博与贯通，技能与理论的综合运用能力培养以及多元文化的学习不利，很难适应未来科技、经济及社会发展过程中应对复杂问题的人才需求。

因此，专业课程本身要体现创新和融合。尤其要做到专业理论课程和实践课程的有机融合，改变实践课程从属于理论课程、与理论课程相隔离的现状，改变先理论后实践的课程逻辑，将理论课程内容纳入实验课或创新实践课程中学习，引导学生在做中学。同时，专业核心课程的设置要尽量结合行业和经济社会需求，夯实学生的基础知识和技能。专业选修课程的设置要尽量满足学生的个性发展需要，要结合行业发展状况设置反映学科前沿和行业发展趋势的特色课程，以此拓展学生的专业视野。

(四)构建创新实践课程体系

创新能力的培养是一个系统工程，不是一蹴而就的。特别是地方应用型高校，本科生生源多来自高考成绩中等水平的学生。这部分学生学习目的往往不够明确，自我管理能力和自我激励能力不足，更是缺乏创新意识，欠缺创新思维的训练，因此，依靠常规的课程教学很难真正提升其创新能力。教育部《关于深化本科教育教学改革全面提高人才培养质量的意见》中明确指出：要推动科研反哺教学，强化科研育人功能。以高水平科学研究提高学生的创新和实践能力。那么，我们可以以"科研育人"为抓手，构建创新实践课程体系，以达成本科生创新能力的培养目标。

1. 什么是创新实践课程

所谓创新实践课程，就是把教师科研与相关专业理论课程、专业实验课程、实习实训以及毕业设计等融合贯穿在一起，组织学生创新团队，以项目形式推进教学。这种课程不必拘泥于常规课程教学的时间、空间规制，可以贯穿学生整个大学四年学程，保证每个学生在校期间都能够有全程参加科技创新活动的机会和经历。

创新实践课程的关键在于将理论、技能和实践教学内容组合成系列模块，依托院所科教平台和企业创新平台，以项目管理形式推行研究性学习方法，引导学生独立自主完成设定的课题项目。项目选题可以是基础研究、应用研究或者工程技术课题，以培养学生创新能力、创新意识和创新精神为出发点，体现先进性、综合性和普遍性原则。

2. 创新实践课程的特点

较之常规课程，创新实践课程具有完全不同的设置模式和教学模式。一是突破传统课程体系中理论和实践课程相分离以及先理论后实践的课程逻辑结构，使学生在研究性学习中自主获取理论知识和专业技能。二是突破传统课程的课时规制，可以延续多个学期，甚至贯穿大学四年。三是突破传统课程的教学内容限制，其教学内容没有统一教材和固定的教学大纲，而应该随着项目的研究进程不断更新变动，可根据不同年级阶段设置不同层次的研究项目，体现课程的系统性和递进延续以及个性化培养理念。四是突破传统课堂教学的时空限制，没有固定统一的上课地点和上课时间，每个学生可以根据师生双方的需要或团队研究活动要求安排自己独立的工作时间，并可以充分利用课余时间，把教学延伸到课堂之外。教学地点和指导形式也可以灵活多样，不再局限于教室的三尺讲台，可以是实验室的现场教学，可以利用各种新媒体线上指导，也可以是大型创新平台或实训基地的项目指导，从而实现师生之间随时随地的互动交流，完全突破了传统教学的物理空间和时间制约。五是突破不同学科专业间的界限壁垒，追求每一个研究项目的学科专业的交叉融合，使学生在项目研究过程中深入认识不同学科之间的关联性，学会利用多学科知识和手段解决系统性复杂问题，从而着力培养学生科技创新的宏思维能力。

3. 创新实践课程体系的构建是实现本科生创新能力培养目标的有效抓手

中科院李培根院士曾经指出，创新思维的培养要融入专业的课程设置中，要融入社会和企业中，要融入各类学生社团活动中①。创新实践课程就是实现本科生创新能力培养的有效路径。

一是使学生树立科学的世界观和方法论。世界观是人对所处环境与事物的认识，是人们对世界的基本看法和观点。方法论是人们认识世界、改

---

① 李友生，曹雅萍. 创新语境下高校人才培养的思考[J]. 中国高等教育，2010(5)：43-44.

造世界的方法的理论。在创新实践课程中的科研经历，可以帮助学生深刻理解科学实践是探索未知世界的重要途径，也是检验真理的唯一标准，认识到科学的进步就是在不断的探索过程中前进，科学规律就是综合前人的经验和科学的推理演绎揭示物质变化，进一步指导理论知识的学习和实际生活与生产活动，从而促使学生树立正确的世界观和方法论。

二是培养学生的社会责任感。司马迁曰："常思奋不顾身，而殉国家之急。"社会责任感是一种道德情感，是人的内在精神价值和外部行为规范的有机结合。我们培养的是社会主义国家未来的建设者和接班人，是未来地方产业转型升级、高速发展的引领者和参与者，是社会进步的促进者。因此树立正确的社会责任感是大学教育之根本职责，这一职责更体现在创新教育的过程中。创新实践课程应该要求所有课题项目都要契合国家重要需求，要紧密结合区域社会产业发展和企业技术革新所急需解决的问题，使学生认识到国家所急所需，认识到所学专业的重要性，引导学生将自己的人生奋斗目标融入国家和民族的发展伟业，主动运用自己所学去解决时代问题，激发学生强烈的爱国情怀、民族精神和社会责任感。同时，通过小组合作、团队行动，也帮助学生学会对集体和他人负责，增强了学生"我为人人、人人为我"的集体观念和团队意识，使学生逐步领会自己作为一个社会个体、国家公民所应该表现的社会行为、应该履行的社会义务，从而逐渐获得履行社会责任感的能力。

三是有助于学生树立宏伟的人生目标。古人云：取法乎上，仅得其中；取法乎中，仅得其下。创新实践课程的内容应该针对当今世界前沿科学问题以及相关产业技术难题引导学生从专业出发关注一些重大复杂性难题，如能源危机、环境污染、人类健康等，帮助学生在问题解决过程中，逐步建立使命感，从而树立高远人生目标，并为之努力不止。

四是促进学生提升沟通交流能力和自我管理能力。情商是决定一个人在事业或生活等场景中能否成功的关键因素。情商并不是与生俱来的，是可以后天通过培养或者训练塑造和提高的，情商也是创新思维模型的重要组成要素，在创新实践过程中主要表现为与他人沟通交流的能力和自我管理能力。创新实践课程可以帮助学生在团队合作中学会与导师、伙伴的交流与合作，学会慎思、纳异、独见的科学思维和行为模式。同时，由于这种课程的实施模式不同于常规课程的教学时间和教学模式限制，也促使学生在团队行动中学会关注和关心团队的共同效益，学会管理自己的时间和行为观念，从而潜移默化地培养自我认知、自我管理、自我激励及人际关系处理等能力，实现学生情商的培养和提高。

五是培养学生的科学思想和科学精神。创新实践课程以项目为载体，项目选题—提出问题—问题解决方案设计—开展研究—证据分析—报告总结，是一个对本科生来讲具有一定挑战性的严谨求实的行动过程，需要学生具备勇于接受挑战，并不畏困难、持之以恒的科学态度和精神，更需要学生具备客观溯源、积极求索、博纳众长的科学思想。帮助学生通过主动探索活动激发兴趣，通过溯本求源获得知识，通过不断的推理演绎总结反思掌握方法，最终形成正确的科学思想和科学精神。

二、探索灵活开放的项目式教学模式

教学模式是指在一定教学思想或教学理论指导下建立起来的较为稳定的教学活动结构框架和活动程序。作为结构框架，突出了教学模式从宏观上把握教学活动整体及各要素之间内部的关系和功能；作为活动程序则突出了教学模式的有序性和可操作性。教学模式的改革是人才培养机制改革的切入点，也是人才培养理念的实现过程。钱学森认为，我国高校之所以没有培养出创新人才，是因为“没有一所大学能够按照培养科学技术发明创造人才的模式去办学”①。那么，以培养学生创新能力为导向的教学模式，应该是以学生主动参与的研究性学习为指导思想，以项目研究活动组织为主要教学方式，以教师、学生、企业等多元互动、多方参与为教学组织形式的教学模式，让教学成为一个集知识认知、情商教育、方法论教

① 郭建如. 高校人才培养改革对大学生创新能力的影响[J]. 高等教育研究，2020(7)：70-77.

育、智慧生长、能力成长为一体的过程，让大学课堂成为真正的"大学课堂"①。

（一）将科研要素引入教学内容

对于本科生而言，创新主要体现为能综合运用所学知识创造性地解决实际问题，并在解决问题的过程中实现自我更新。因此，教师无论是在通识课程还是在专业课程、无论是在理论课程还是在实践课程教学中，都要注意教学内容的改革。一是要及时更新学科前沿信息，使学生能够养成始终关注专业、学科和行业发展趋势的学习习惯，学会以前瞻的眼光思考问题。二是要融入行业、企业生产信息和文化，使学生在毕业前就能够熟悉并接受行业规则和相关法律文化。三是要将教师自身成熟的甚至不成熟的科研成果转化成教学内容，引发学生共同探讨、研究、评价，从而逐步形成科技创新思维方式。四是嵌入实际问题，将企业生产中的真实案例和产品研发的真实课题纳入教学内容，使学生能够在做中学、学中做，学做相长。要将典型案例分类收集整理，编辑建设成案例库，最大限度满足学生个性学习需求。五是将教学内容按照真实问题解决的工作逻辑而不是理论的系统逻辑划分大小不同的模块，组成问题系列，每一个模块都将理论知识和实践内容融合成项目形式推进教学，引导学生在问题解决过程中培养创新思维，提升学生的问题解决能力和综合实践能力。

（二）将科技创新方法融入教学方法

教学方法对大学生创新能力的影响是毋庸置疑的，传授式教学方法缺乏对学生个性发展的尊重，教师不用新问题启发学生思维，只会磨灭学生的学习兴趣和探索欲望。不留给学生足够的自主思考的时间和空间，不鼓励学生发表独立见解，造成学生思维标准化，知识无活力，不能在实践中

① 郑直. 应用型本科院校学生创新能力培养的内涵与路径[J]. 社会科学家，2016(12)：114-118.

灵活运用，永远也教不出充满创造性灵感的头脑。而创新能力的人才培养提倡能力导向的教学方法，就是“走向实践”，要积极利用校企合作平台和各类实验、实训平台，通过实施案例教学、项目管理式教学、现场教学等开放式教学方法，将理论教学与实践教学有机融合，将科技创新活动与课堂教学相结合，组织引导学生积极参与教学过程，参与校企合作的产品研发项目，参与真实或模拟的工程实践活动。值得注意的是，走向实践的教学模式不仅仅是教学形式上的“实践化”，而是更加注重学生思维方式的革命，更加注重促使学生将理论性知识获得过程与专业实践和科学探索活动融合在一起，习得理论与实践、知识与创新一体化的程序性知识和方法论思想，从而能够从实践中发现问题，培植“问题”灵感，同时又能从实践中把握理论，从理论中推演实践，达到真正的知行合一。另外，通过这种教学模式，还能使学生养成专业团队的行为习惯，并最终融合为学生的创新思维能力和综合实践素质。

我国有句老话“读书破万卷，下笔如有神”，意指知识积累达到一定程度后，自然而然就会产生创作的灵感。但是，科技创新人才的教育不能仅仅依靠知识的积累。研究表明，创造力并非随受教育时间的增加而增加，知识的增加可以提高学生的专业能力，却也可能会减少其创造力发展所必需的好奇心和想象力①。我们要在教学过程中赋予学生更多的主动性和话语权，要在时间和空间上最大限度拓展学生的探索维度，使教学与实践融为一体，使学生科技创新实践与教师科研有机结合。

（三）将创新能力评价作为学业评价的重要内容

学业评价是对学生学习结果、能力水平的综合性评价，是教学过程的一个重要环节，学业评价的主体内容和方法对于教学活动具有重要的导向作用。应用型人才创新能力的培养必须将学生的创新能力作为学业

① 郭建如. 高校人才培养改革对大学生创新能力的影响[J]. 高等教育研究，2020(7)：70-77.

评价的重要内容，构建与其相对应的多元化、动态性、开放式学业评价体系。

一是要注重评价内容的多维性。除了要考察学生对学科专业知识的掌握程度之外，更重要的是要把程序性知识的掌握纳入评价范围，包括与综合创新能力密切相关的动机、态度、专业工作习惯、团队合作意识和能力、团队和社会责任感、社交沟通能力、问题意识、问题分析与解决能力、创新思维方法和能力、项目组织和管理能力等。也就是说，学业评价内容应该从单纯的知识向度转向学生创新能力的组成要素，从而引导学生将本科阶段学习的关注点倾注在创新能力的自我生长上，而不是单纯书本知识的积累上。

二是要注重评价主体的多元性。如果说突出创新能力培养的教学模式应该是开放的、实践的、创新的教学模式的话，那么，在学业评价环节，教师就不应该是教学评价的唯一主体。如果我们在教学中注重产教融合、校企合作，推行项目式教学方法，那么，企业教学人员、实验管理人员、学生自己和同组成员都应该成为重要的评价主体。事实上，在创新实践活动中，企业人员可能比校内导师更了解学生的实际问题解决能力和水平，其评价更也更客观公正。而学生的自评则可以引导学生提高反思性思维水平，有利于增强学生对学习策略的自我调节。学生之间的互评可以促使学生学会客观评价他人，并通过交流协作，从他人的方法、思路中，获得更多启发自己思维的信息。

三是要注重终结性评价与过程性评价并重。在创新实践活动中，学生的创新能力水平主要体现在解决问题的方法和思维过程中，因此，对学生创新能力的评价应该更加关注学习过程而不是学习结果。教师应该把学业评价贯穿于教学过程的每一个环节，以激励引导为主，将过程性评价与终结性评价相结合、质性评价与量化评价相结合，在关注学生知识与技能的学习结果的同时，也要关注其创新过程中表现出的创新意识、创新精神、创新态度和创新能力。

三、搭建产学研教创一体化创新平台

校企合作创新平台的建设是目前很多地方高校转型发展的一项重要举措，是高校融入地方、服务社会的重要途径，主要建设模式包括以高校为管理主体的大学科技园、产业园、产业科技研发中心、嵌入式实验室等，以企业为管理主体的实习实训基地以及校企双方共建的经济实体等形式。但是，很多高校的创新平台建设方式和功能单一，把主要建设精力放在了校企合作科技研发上，而忽略了其人才培养的职责与功能。因此，必须强调的是，无论以哪种模式存在的校企合作创新平台，都不仅仅是校企之间开展横向联合科学研究、产品研发的平台，更不能只是高校或企业追逐经济效益的手段。我们应该把协同创新平台建设作为应用型创新人才培养的重要阵地、作为大学课堂的延伸。事实上较之校内功能单一的教学科研实验室，协同创新平台对学生创新能力培养的作用和意义更为重要。因此，每一种形式的创新平台的运作都应该集教学、科研、产品研发或生产经营为一体，其教育功能也应该是多元化的。

高校要与地方企业、科研院所开展广泛合作，通过校内外人、财、物各方资源的整合，将每一个协同创新平台都建设成集教学、科研、产品研发与应用、学生创新实践为一体的产学研教创一体化、综合性科研教学平台，为本科生创新实践活动提供坚实的平台支撑。要强化实验室和创新平台开放制度，加大各类创新平台面向师生开放的力度，使各类创新平台真正成为高校产学研合作创新人才培养的重要渠道和桥梁。

(一)协同创新平台应兼具实践教学平台功能

长期以来，实习实训基地的建设在地方高校人才培养过程中受到了足够的重视，常规教学中，实习实训是学生在校期间接触专业生产环境、感受产业创新的唯一途径，也是培养学生专业综合素质和行业创新能力的关键教学环节。但很多高校在实习实训基地的建设过程中，由于校企双方愿景错位，导致企业缺乏积极性，双方缺乏长效合作机制，使得实践教学的效果受到一定影响，能够勉强满足学生见习和“实践技能”训练的需求就已经不错了，根本谈不上满足学生“创新”活动需求。导致这种结果的根本原因，是企业在实习实训基地建设中，很大程度上徒增了实习学生管理的压力，而在生产效益、合作攻关、促进产值等方面却收益甚微，甚至反遭困扰。因此，我们应该改换思路，将实习实训基地建设与校企合作创新平台建设有机结合，实施实践类课程教学校企双导师制，将实习实训与横向科研和产品研发结合起来，把学生的专业实习变成科技创新实践活动，从而将校企作创新平台建设成集教学、科研、产品研发或生产经营为一体综合性载体，实现实践教学的人性化和多元化管理，使实践教学成为联合创新的一部分。这样，将极大丰富校企合作创新平台的产教融合功能，也是解决校企合作共建实践教学平台过程中“剃头挑子一头热”问题的有效途径。

(二)协同创新平台应兼具开发和实施创新实践类课程的功能

校企共同开发和实施的创新实践类课程是本科生创新能力培养的重要媒介。尤其是对理工科学生来说，创新能力的培养应该更多偏重于与企业生产相结合的产品研发、技术创新和工程设计、工程管理创新等方面，而不是单纯的科学研究创新。因此，更加需要一个接近工程实践的平台载体来实施创新实践类课程，为学生打造一个不同于传统课堂的研究性和实践性学习环境，从而使该类课程内容的实践性、学习的研究性和实操性、教学流程的延展性等特性更加凸显。而协同创新平台就成为最佳选择。如果把协同创新平台建设与创新实践课开发和实施有机融合，就可以为学生提供开展创新活动所需的课题和仪器设备，使学生亲历科技成果产生和转化的过程，使产品研发、技术攻关项目成为学生创新能力提升的“练兵场”。

创新活动有层次和类别之分，解决了基础科学问题是创造性创新，发明了高精尖的技术成果是颠覆性创新，解决生产实践中小的技术难题也同样是创新，是革新性创新。本科生的创新多属于后者，而这种创新离不开创新实践的真实环境。如美国很多高校都把组织不同专业背景的学生团队参与技术革新项目作为本科生创新能力培养的主渠道，这些项目由厂商和企业直接提供资金支持，是真实的企业研发需求项目，从而使学生在毕业前就能够熟悉行业技术前沿和团队研发规则，毕业后可以直接投身到行业企业的产业创新中，成长为优秀的工程师，实现大学教育和就业岗位的无缝对接。可见，协同创新平台建设运行的首要任务应该是承担了多少本科生创新实践教学任务，学生有多少人、多大程度参与到教师和企业的联合科技研发过程中并从中受益，学生的创新能力在参与的过程中有多大程度的提升，其次才是产出多少科技成果、突破多少技术难关。我们无须担心学生是否能够承受创新实践课程的学习压力，我们需要考虑并着力解决付诸实践的是怎样尽可能多地提供机会促使学生参与到联合创新科技活动中来，这是学校和企业在创新平台建设过程中应该首先关注的问题。

(三)创新平台应兼具双师型教师培养的功能

师资队伍建设是教学改革得以实施的基础和保障。本科生创新能力培养目标的达成，一系列教学改革措施的落实，必须依靠一线教师队伍，因此，教师自身的行业背景和技术创新能力就是学生创新能力培养的先决条件。“盖有南威之容，乃可以论于淑媛；有龙泉之利，乃可以议于断割。”“以己昏昏何以使人昭昭？”如果教师队伍自身对行业、产业和企业创新不了解不熟悉，不具备横向课题的研究能力和水平，又怎么能够承担学生创新实践活动的指导任务？因此，双师型教师的培养成为地方高校转型发展中面临的新课题。

而校企合作协同创新平台作为校企合作研发平台和实践教学平台，就理所当然成为了高校教师进企业、企业专家进课堂的双方人员长期稳定交流的桥梁，也成为高校开展双师型教师队伍建设和创新性人才培养的立交桥。通过校企合作创新平台，校内教师可以深入了解企业需要和技术发展，丰富企业工作经历，促进理论知识向技术的转化。同时还可以直接聘请企业工程师和管理者担任创新实践课程的指导任务，将生产实践信息和管理经验直接带进大学课堂，或者组建师、生、企三方团队，共同指导学生开展产品研发、技术革新等活动，具有企业工作经历的校内教师和具有行业背景的校外导师共同构建双师型教师队伍，为学生的创新活动得以高质量完成提供坚实的基础和保障。

四、构建本科生创新团队建设良性机制

北京大学郭建如教授的研究表明，即便教师采取了创新性的教学活动，对学生创新人格的培养效果也并不显著，但是高质量的科研参与和社会实践是有助于培养学生的创新能力的，很多学生具备创造动机，但如果他们没有通过自主实践来深化创造性活动，其创造性就只能停留在潜意识层面①。因此，组织和引导本科生长期持续地开展创新实践活动，应该是培养创新能力的最好途径，而本科生创新团队是本科生开展创新实践活动最好的组织形式，也是培养学生创新能力的基本载体。因此，地方本科院校要对本科生创新团队建设给予足够的重视。

(一)本科生创新团队的组织形式

导师制是本科生创新团队建设得以实施的基本制度支撑，以项目引领为基本建设基础，打破学科、专业、年级界限，学生和导师、项目之间双向选择，把不同年级、不同专业的学生组成不同的创新团队。由不同的教师带领，有序开展科技创新活动。

这里所说的导师制是全员导师制，即全体教师和全体学生均参与其中。由学校统一组织导师提供研究项目课题，向全校学生公布，学生可以依据自己的兴趣和学科专业基础自由选择申报相应的导师和研究项目，同时，导师也可以根据项目研究内容所涉及的学科专业要求，在申报学生中选择合适的学生组建团队。因为本科生创新团队组建的根本目的是改变学生的思维模式，培养和提升学生的创新能力，就是要让学生一进入大学校园便能够体验到创新文化和研究式学习的氛围，以浸润式教学方式引导学

① 郭建如. 高校人才培养改革对大学生创新能力的影响[J]. 高等教育研究，2020(7)：70-77.

生创新实践能力的逐步提升。所以，对团队成员的选择应该不以学生所在年级为局限，教师不能以学科专业知识、能力不足为理由拒绝低年级学生的申请，每一个创新团队都应该由不同年级甚至不同学科专业的学生组成。这样，虽然每年随着老成员毕业和新成员的加入，团队成员组成上会有轻微变动，但每一个团队的基本组织架构是持续稳定的，充分发挥了新老交替传帮带的作用，从而保证了团队所承担的项目研究任务的持续性，解决了知识经验断代的问题。

(二)成立本科生创新团队学术委员会

成立本科生创新团队学术委员会是本科生创新实践活动教学组织的一种很不错的尝试。以二级学院为单位成立本科生创新团队学术委员会，成员主要由创新导师、行业企业导师和团队中创新能力较强的高年级学生成员组成。创新团队学术委员会主要负责团队科技创新活动的学术指导和工作监督检查，可定期召开小型研讨会、发表会，检查团队研究进度和成员之间的合作情况，解决研究过程中遇到的各方面困难。这样，既可以避免创新导师个人指导研究活动的学术局限性，又可以减轻教师在时间和精力上的负担，提升了指导工作的连贯性，同时，更锻炼了高年级学生成员的创新能力和组织管理能力。

(三)教师和学生在本科生创新团队建设过程中共同成长

本科生创新团队的组织形式促进了师生、生生以及校内外导师之间的交流与合作。

一方面，团队建设加强了学生之间的互帮互学，使学生得以快速成长。高低年级搭配，新成员通过在高年级成员的指导下做一些诸如资料查询、数据收集之类的基础性工作，快速熟悉项目研究的内容和基本流程，通过观察和学习、模仿和复制高年级成员的成功案例，做中学、学中做，大大缩短了能力成长的时间和成本；同时，高年级成员在做“小导师”的过程中，也无形中促使自身更加清晰地审视和反思研究方案，提升了项目研究和管理能力。在创新团队的合作学习模式下，每一个学生都有更多的机会观察到其他组员的学习过程，并通过师生、生生之间的讨论、辩论、争论而学会审视自己的思维方式，接纳不同的观点和视角，发现新的研究思路，引发对问题的深层思考。同时，在积极的社会性语境下，与他人的分工协作也促进了学生整合性思维能力的成长，推动其更高阶的认知发展，促进新概念、新知识与学生认知架构的融合，进而促进其创新思维和创新人格的快速发展①。另一方面，团队建设也促进了教师的成长。一是在对本科生的创新活动的指导过程中，教师也能够获得科研灵感和职业满足感。通过师生之间的沟通和交流，可以使教师在与学生的讨论和思维碰撞中，发现项目研究的创新灵感。同时学生可以帮助教师更加有序地开展工作，而教师也会因为自己在学生的个人和专业成长中扮演了积极的角色而获得职业满足感和自豪感。美国学者的研究表明，参与本科生科技创新活动指导会对大学教师的工作满意度和离职率产生积极影响，很多教师认为他们需要去影响优秀的年轻学生的职业生涯②。二是通过校内外导师之间的沟通和交流，促进了校校之间、校地之间以及学校与科研院所之间在学术上的相互借鉴和交流，从而快速提升教师的科研和教学研究水平。

五、建设丰富的本科生创新实践项目库

本科生科技创新实践的主要场所是实验室、实训基地以及创新平台，但又不局限于实验室、实训基地、创新平台以及田野调查等，高校要多方筹措资金，借助学科、科研、校地合作等职能管理部门和热计学院的力量，建立起一整套从制度到管理的、丰富完善的本科生创新项目库及其支持系统，要能够充分保证和满足全校各专业师生科技创新活动的需求。从而在根本上保证本科生科技创新实践的参与率和参与度，让更多的学生从

① 李宁，等. 合作学习视域下我国大学生创新能力构建[J]. 江苏高教，2020(1)：94-101.

② 孙莽. 本科生科研：意蕴、价值与制度化路径——基于美国的经验[J]. 江苏高教，2018(7)：66-69.

科技创新实践中获益。

（一）库存项目的覆盖面要广

创新实践项目库要覆盖到所有学科专业，要保证全校所有学生都有机会参与到各专业的项目中，要成立专门的机构，对项目进行分类管理，及时征集、更新项目内容，增加项目数量，收集整理项目研究成果，检查项目研究进度。

如美国加州大学伯克利分校的本科生科技创新项目共有四大板块：本科生科研学徒计划、哈斯学者计划、夏季本科生科研计划和朱迪斯·李·斯特罗纳克学士奖，另有400多个校外奖学金项目。这四大板块组成完整的项目体系，为全校各类学生提供科研机会①。加州大学欧文分校为本科生除了提供常规的校内研究项目之外，还有暑期本科生研究计划、本科生科研海外研究奖学金计划、国际暑期本科生研究奖学金计划、爱德华兹生命科学暑期本科生研究计划、跨学科暑期本科生研究计划、多学科设计计划以及各专业领域专门的研究计划等12种参与项目，多渠道来源的研究项目大大提高了学生对创新实践活动的参与度②。这些经验都值得我们借鉴。

（二）库存项目层次和类型应多样化

项目库建设要惠及不同能力水平、不同学习需求的学生，因此，项目类型和难易程度都要多样化。在难易层次方面，既要有以训练低年级学生基本创新思维和实践技能为目的的基础训练项目，又要有难度较大、具有挑战性的开发项目；既要有仅涉及单一学科和专业领域的项目，又要有跨学科跨专业的综合型研发项目。在项目类别方面，既要有可供学生团队独立申请的小型项目，又要有学生参与教师的大型横向合作项目；既要有短

① 孙苏. 本科生科研：意蕴、价值与制度化路径——基于美国的经验[J]. 江苏高教，2018(7)：66-69.

② 汪育文. 深耕一流本科教育中的本科生科研：加州大学欧文分校的启示[J]. 重庆高教研究，2020(3)：89-100.

期项目，又要有研究周期较长的项目；既要有校内专项基金资助项目，又要有社会、企业资助的奖学金项目；既要有课内组织项目，又要有课外组织项目。

(三)注重学科专业交叉融合

本科生创新团队建设和项目库建设都要注重学科和专业的交叉融合，多学科专业交叉融合的研究项目的推进，使来自不同专业的学生从不同的学科视角共同研究问题。从而有助于学生博采众长，学会从不同的学科视角考虑问题，主动进行知识融合，形成融合、开放的思维模式，发展整合协调多学科知识的能力。对本科生整合性创新思维的锻炼和能力提升具有更加重要的作用和意义。

六、营造以创新为主题的校园文化

校园文化是高校长期办学历史的积淀，是大学传统精神的象征，是为了实现人才培养目标，在学校管理各个领域创造出来的一种与社会、时代密切相关而又有校园特色的人文环境，是大学生思想观念、文化素质、价值取向、行为规范等的精神总和①。作为一种内在的隐性的影响力因素，校园文化对学生的影响比显性课程更具有持久性和深刻性，对学生世界观、价值观的形成具有重要的潜移默化作用。以创新为主题的校园文化应该以兼容并包的开放精神和多元自由的创新理念为核心，以学科竞赛、创新实践活动、社会实践活动等多样化创新活动为载体，营造积极开放、丰富多彩的大学生创新氛围。高校管理者要以开放、进取的积极心态，多措并举，广开渠道，在环境、精神、制度等不同层面营造能够潜移默化塑造学生创新意识，鼓励、促进学生自觉参与创新活动的校园文化。要将创新创业文化建设成校园文化的主旋律，营造鼓励创新、支持创新、人人创新的良好氛围。

---

① 李培根. 工程教育需要大工程观[J]. 高等工程教育研究，2011(3)：1-3.

（一）营造创新校园环境文化

利用校园内随处可见的宣传栏、雕塑、文化长廊等校园景观，利用校报、电视台、广播台、新闻网、新媒体等文化阵地，大力宣传国家建设创新型社会的思想、方针、政策、时事，宣传“大众创新、万众创业”的国家战略，宣传学校鼓励创新、支持创新、帮助创新的理念及相关制度，宣传学校各类创新实践活动的成果。大力褒扬在创新活动中获得优异成绩的教师、学生及其创新经验，从而营造具有浓郁感染力的创新创业舆论氛围和环境。

（二）营造创新校园精神文化

在校风、教风、学风建设中渗透创新教育理念，将开拓创新的进取精神、艰苦奋斗的创业精神、善于合作的团队精神以及求真务实、探求真知、民主自由的科学精神融入校歌、校训和班级文化建设，融入教室环境文化建设。定期举办创新文化活动，大力宣传创新文化和师生创新成果，使创新型校园文化显性化，形成热爱创新、积极创新的学风、教风和校风，使学生在日常生活的方方面面，时刻都能感受到这种积极向上的校园精神文化的熏陶，使创新理念深入人心，并在潜移默化中转化为学生的自觉意识和行动。

（三）营造创新校园制度文化

建立完善的创新创业激励机制，构建创新实践奖学金制度和创新学分制度等制度体系，以有效激励学生的创新行为，并为学生的创新行为提供保障。

一是建立完善的学科竞赛组织和奖励机制。学科竞赛是本科生最直接的创新实践活动平台，通过参与学科竞赛，学生经历从赛前培训到参赛方案的设计，再到全身心投入竞赛过程，体验团队参赛时的分工协作等全过程，可以促进学生的创新能力得以快速提升。

因此，建立一个完善的学科竞赛组织和奖励机制，使学科竞赛成为全体师生都愿意积极投入的常态化、制度化活动，是校园创新文化建设的重要内容。一方面，要积极联合行业、企业，共同组织、培训和指导学生参与省级获全国大学生学科竞赛赛事活动，建立起校内、校外自上而下的组织体系，最大限度为学生提供参与竞赛的机会。另一方面，要制定政策大力奖励和宣传在学科竞赛中取得优秀成果的指导教师和学生，使学科竞赛成为引领创新校园文化的一种风尚。

二是成立大学生创新创业学院、大学生创新科技园等大学生创新创业机构，统筹全校的创新实践教育和各类创新实践活动，实施大学生创新创业资助计划，建立大学生创新科研项目基金，使创新创业指导机构化、制度化。

综上，本科生创新能力的培养是一个系统工程，这项工程的实施，需要高校管理者以先进的教育教学和管理理念为前提，以课程建设为关键，以教学模式改革为核心，以协同创新平台建设为支撑，以创新校园文化营造为抓手，多管齐下，多维建构，使学生创新能力的培养落到实处。

第三章　开放·实践·创新：OPCE育人理念的内涵

教育创新的根本在于培养人，对于应用型人才培养来说，则主要是围绕应用型人才的发展，对教育观念、教育模式和教育制度等进行全面的变革和创新。而不同的教育观念，决定了不同的教育模式、教育方法。观念的创新是教育创新的先导，培养模式的创新是教育创新的核心，制度创新是教育创新的保障。围绕着人才培养的观念、模式、制度等诸多层面，我们在长期的思考和探索中，基于对地方高校应用型人才培养内涵和目标的理解，结合地方高校的实际构建了“开放·实践·创新”(OPCE)人才培养体系，初步形成了OPCE人才培养理念和模式。在此基础上，通过深化教育改革，创新教育教学方法，完善体制机制建设等，构建了涵盖开放课程、实践教学和创新课程的“开放、实践、创新”的课程体系；建立了从规范的统一性转向有选择的多样性，从灌输性教学转向自主学习、探究学习的教学组织形式；健全了以“需求与知识”“需求与能力”“需求与技能”为出发点的人才培养质量评价体系。通过开放平台、实践训练，创新能力培养等形式，通过“产学研”结合、“教学做”一体，提高了人才培养的质量，达到了人才培养的成效。

第一节　OPCE 育人理念的理论内涵

一、OPCE 育人理念的由来

（一）应用型创新人才培养是地方高校的基本职能

经济学家熊彼特曾经指出：“创新不仅仅是指科学技术上的发明创造，更重要的是指把已发明的科学技术引入到企业中，形成一种新的生产能力。”因此，工程技术创新应该既包括工程中新技术的创造，又包括工程应用过程中的技术改造和创新①。当然，从新技术的发明到在工程应用中的不断改进，这是一个完整的创新过程，这个过程各有所侧重，又密切相连，其对人才能力的要求也必然有所不同。这就是在大多数具体的工程实践中，需要由不同层次、不同类型、不同经验的工程师群体来共同完成的原因。因此，从这种意义上讲，地方应用型高校所培养的理工科人才，其创新能力的培养不仅是必需的，也是必要的，只不过在创新能力的类型上应该更侧重于工程应用中的创新、推广，即运用创新技术和创新性地运用技术的能力。这种应用型创新明显与以知识、技术发明的学术性创新有所区别，但一样具有高度的综合性和复杂性。因为在工程活动中，新技术的应用更需要因时因事因地制宜地反映新的要求、符合新的情况、吸取新的成果。工程师需要将一种全新的生产要素与生产条件组成“新组合”引入生产体系，从而构建一个复杂的工程组织体系②。这个过程对于组织者和管理者而言，需要具备工程战略思维和宏观把控能力，需要具备集成知识、跨界思维，从整体中认识和把握创新要素，以解决实际复杂问题的知识应

① 顾礼松. 试论工程技术创新的概念[J]. 东南大学学报(哲学社会科学版)，2006(12)：53-55.

② 顾礼松. 试论工程技术创新的概念[J]. 东南大学学报(哲学社会科学版)，2006(12)：53-55.

用能力；需要具备以开放的视角审视技术创新的市场价值、社会价值和时代意义的观察能力和思辨能力。

显然，对以上问题的认识，我们有必要把握两点，一是工程技术创新是一个实践性、综合性、开放性的过程，实施这一过程的工程师所具备的也应该是一种开放性、综合性的能力，这就意味着高等工程教育的主要特征应该是实践性、综合性、开放性和创新性，强调人才培养需要突出综合的知识结构、整体性思维、工程实践能力和人文情怀①。二是创新人才有层次之分，无论何种类型、何种层次的大学都能够而且应该培养创新人才，只不过创新的具体内涵和要求不同，双一流大学主要以培养学术创新人才为主，地方院校主要以应用型创新人才培养为主。

（二）地方高校应用型人才培养存在的问题

区域经济社会发展要求提高人才培养质量，实现内涵发展，造就复合型、创新型和应用型人才。但是，目前地方高校在人才培养过程中存在以下几方面的问题：

1. 教学科研分离，创新人才培养不足

教学过程与科学研究是相辅相成的，一方面，教学过程是学生主动学习知识的过程，包含有科学研究。另一方面，科学研究的过程实质上包含有教学的过程，科研新成果不断丰富教学内容，是知识的一个重要来源。教学是教师科研工作的重要组成部分，教学过程不断提出新问题、提供新思考，为科学研究提供新思路。教学与科研相结合，“产学研教创”一体化是培养创新人才的重要途径。但是，在实际工作中，科研和教学往往存在一些制度性障碍，科研支撑教学不足，教学支撑科研不够，使科研和科技创新工作与人才培养在一定程度上存在分离和脱节的倾向。因此，要支持学生参与科学研究，强化创新性实践教学，促进科研与教学互动，培养具

① 居里锴，等.“大工程观”下工程实践教学改革的探索与实践[J]. 中国大学教学，2013(10)：68-70.

有创新能力的高水平应用型人才。

2. 教学模式传统，注重传承忽略创新

传统的教学模式是教师教、学生学，过于强调学生共性的塑造，忽视了学生个性的培养。在教学上，过于注重教学结果，忽视了学习的过程。在智力的开发上，过于注重智力因素的养成，而忽略了态度、情感、道德等非智力因素的浸润。在课程内容上，过于专业化、理论化和抽象化，缺少应用性、实践性和个体化。目前，国家正向高质量转变，这既对科技创新提出了前所未有的巨大需求，又向高等教育提出了人才培养的新要求，要求我们培养融体力与智力、智力与非智力因素相融合的，既注重积累、又能够创新的应用型人才。这就需要我们必须改变传统教学模式，构建符合社会需要的具有创新能力的应用型人才培养体系。

3. 科研训练不够，实践创新意识不强

随着地方高校向应用型转型，根据区域经济发展要求设置专业，把产业与教学密切结合、相互支持，积极推动产教融合。教师通过科研工作，将新思想、新观点、新方法通过教学的形式传授给学生；通过言传身教促进学生对科研产生浓厚的兴趣，巩固和应用所学习的专业知识；学生通过有计划地参与科研训练，实践能力和水平也明显提高，创新意识也不断强化。但是，总的来看，学生实践能力培养还不够，创新性科研训练不足，尽管新的观念和思路不断涌现，一定程度上，还必须推动教师不断改进教学方法与教学手段。

（三）本科层次应用型创新人才的核心素质

应用型创新人才从字面意思可以看出重在“应用型”基础上的创新。而应用型人才是以提高专业实践能力为核心要素，能够从事技术开发和应用的高级人才。由此可见，应用型创新人才是指在实践中对社会发展和产业的优化升级做出积极贡献，不断把理论知识应用于生产、建设、管理、服务等实际，发现问题、处理问题，创造性地解决问题，取得新成果的高级人才。

对于应用型创新人才来说，由于学校类型和培养目标的区别，仍旧分为多个层次。许为民等人将应用型创新人才从低到高分为操作型、技能型、设计型、理论型四个层次。操作型、技能型人才的培养主要是职业院校，设计型、应用型创新人才的培养主要是一般本科院校，理论型则主要是重点大学完成。合理的应用型创新人才层次体系应该呈现一个金字塔的结构，各层次人才比例保持在一个合理的范围之内①。

本科应用型创新人才是高等教育中本科层次应用型创新人才的培养目标，它应该区别于研究型高等学校培养的学术研究创新型人才，也应该有别于职业院校培养的服务生产管理一线的技能型人才。本科应用创新型人才应主要从事服务社会经济发展，面向社会需求、面向专业实务，在提升实践动手能力为核心的基础上，着力强调学生的创新意识、创新精神以及创新创业能力，强调促进学生的知识复合、能力复合、素质复合。

因此，我们应该在大工程观背景下思考工程教育，在开放、综合的问题语境中，考虑本科层次应用型创新人才的培养问题。与过去传统教育模式下培养出来的学生相比，应用型创新人才的核心素质应该包括健全的人格，知识结构的多元化综合化，过硬的实践操作能力，敏锐的洞察力，创造性解决问题的能力以及研究性学习能力，这些都需要在学生亲历工程技术应用和创新的实践过程中，在问题解决的亲身实践中获得。这是以教师为中心的封闭课堂教学范式和理论与实践相分离的传统课程体系所无法满足的。

由此，我们研究、实践并提出了“开放·实践·创新”的教育理念，即 OPCE(Open, Practical and Creative Education)，旨在立足科研反哺教学，以解决科研与教学矛盾，以教师群体科学研究能力提升为动力，以学生直接参与教师科研创新为路径，以教师创新性研究引领和带动学生主动思考，开发学生创新性思维和解决实际问题的能力。

① 许为民，张国昌. 应用型创新人才培养问题[J]. 中国高教研究，2007(6)：63-65.

二、OPCE 育人理念的内涵

“OPCE”是 Open、Practical and Creative Education 的缩写，即通过开放的课程体系、教学模式、创新平台和师资队伍，培养学生开放多元的思维，通过创新实践，使学生养成创新的思维和意识，提高创新能力，获得创新成果。从实践层面来讲，OPCE 教育理念就是以创新能力培养为目标，以创新实践为途径，通过开放融合的课程体系、行动导向的教学模式、能力取向的学业评价，构建“产学研教创一体化”的人才培养体系。使本科生在亲历创新实践、解决复杂的技术应用和研发问题的过程中，领悟程序性知识，获得科技应用创新的整体性思维、形成创新意识和创新能力。该理念旨在把开放、实践、创新的教育教学理念贯穿人才培养全过程，渗透人才培养各环节，把科研和教学深度融合，以科研反哺教学，使学生在开放中实践，在实践中创新①。具体见图 3-1。

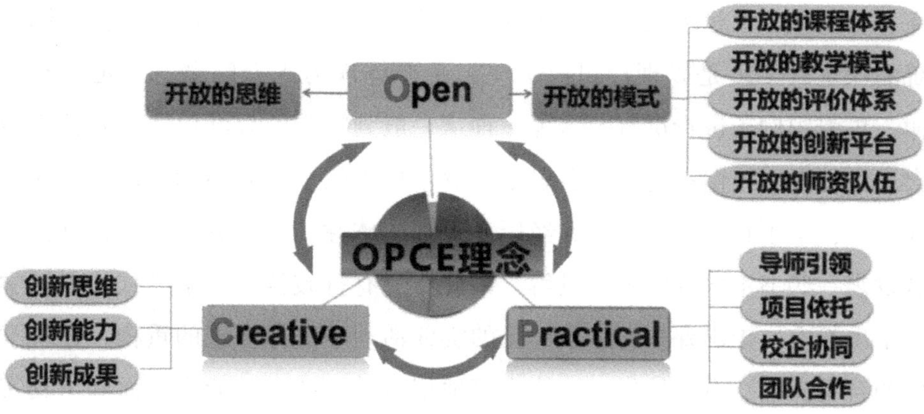

图 3-1　OPCE 理念的内涵

“Open”即开放：是指在开放、综合的问题语境中，通过开放的人才培

① 贾晓红. 地方院校理工科学生创新能力培养的“OPCE”体系构建与实践[J]. 中国高等教育，2021(18)：57-59.

养模式和教学环境，培养学生多元的知识结构和综合性思维。现代教育的开放性不仅表现在制度上和组织形式上逐步突破封闭性，而且表现在课程内容、教学方法、教育途径、教育资源、学习方式等方面的开放。不同类型的高校尤其是地方高校，在构建人才培养模式时必须注意以不同的方式、不同的角度来开拓学生的视野、知识结构、思维，其中最重要的就是以社会需求为导向，理论与实践相结合。现实中部分地方高校人才培养模式的突出问题就是理论脱离实际，学校教育与社会需要脱节，教学环境脱离行业企业实际，教师和学生缺乏对当下国际国内业态的了解，教学内容陈旧，缺乏真实业界环境的实训条件等，导致了学生创新能力培养不足。因此我们提出了开放式的人才培养模式，以开放的课程体系、开放的教学模式、开放的评价体系、开放的创新平台、开放的师资队伍为目标，促使人才培养积极面向社会、面向地方、面向业界，把课程教学与社会实际联系起来，以此促进学生多方面发展。

“Practical”即实践：是指以项目研究形式引导学生参与技术创新实践，在导师引领、项目依托、校企协同、团队合作前提下的实践活动。我国传统的课堂教学多是以理论讲解为主，主要体现为先介绍概念、定理和定律，再引用例子进行讲解，这是一种从一般到特殊的教学思路，有益于聚合思维的发展，但是对于发散思维、创新思维的培养并不利。由于授课方式单一，学生缺乏实践体会和经历，课堂主体性发挥十分有限，很难去尝试发表一些书本之外的独特见解。由此，只有打破传统教学模式，引导学生走出教室、走出课本，在多样化的实践活动中进行知识的重构，强调学生的自主探究、自主发展，才能更好地培养学生的实践能力，而基于真实情境或任务的项目研究不失为一种好的培养途径，既可以使学生把书本知识和实践联系在一起，亦可以为学生提供一个交流与合作、研究与创新的环境。

“Creative”：是指工程教育的目标是对学生创新思维、创新能力的培养，与之相并生的是教学相长，是师生共同努力下创新成果的培育和产出。依托学科平台，通过科学实验，进行创新性研究，培养具有自主学习、主动实践和积极探索的创新能力。通过设置开放平台实践课程，一条主线把相关专业理论课程与专业基础实验、工业实习、毕业实习、毕业设计等实践课程贯穿在一起，融理论学习、技能训练、科学探索、技术革新以及行业实践为一体，构成完整的OPCE人才培养模式。利用科研创新平台，通过开放的课堂教学，引导学生扎实地开展企业实践，实现"学、产、研、教、用、创"的统一①。

大学教育应该为学生敞开一扇门，使他们有机会接触到新思想，获得新的观点。OPCE教育理念的实施就是要打破传统课程课堂教学的窠臼，以开放的教育思维为指引，通过突出学生主体、突出实践和创新的教学体系的构建，为学生打开一扇接触科技创新新思想、新方法的大门。

第二节　OPCE育人体系构建的基本思路

在OPCE教育理念指导下，许昌学院坚持立德树人根本任务，以科教融合为突破口，以科研反哺教学为基本路径，在创新教育理论基础上，深入开展课程体系、教学模式、学业评价、激励制度、师资与条件保障等全员、全要素、全过程的改革，倾力打造开放式课程体系、教学环境和教学模式，形成了较为成熟的"开放+实践+创新"人才培养体系。

一、科研反哺教学，构建理论与创新实践相融合的开放性课程体系

课程是教育活动的基本单元，也是实现教育理念的基本载体。人才培养模式的改革，核心是课程改革。为了贯彻落实OPCE理念，解决课程教学与产业脱节、课程设置与社会脱节等一系列问题，我们以OPCE理念为引领，对理工科专业的人才培养方案进行了全面修订。结合工程教育认

① 贾晓红. 地方院校理工科学生创新能力培养的"OPCE"体系构建与实践[J]. 中国高等教育，2021(18)：57-59.

证、国家专业质量标准以及职业资格和岗位素质要求，对人才培养的目标、毕业要求进行了细化，突出显现了核心能力及其实现途径，进一步明确了毕业要求、课程及教学活动之间的支撑关系；在课程体系重构方面，把创新创业实践与理论教学进行了有效衔接，打破传统课程体系架构中课程与课程之间的隔离，设置贯穿整个本科学程的阶梯式创新训练课程，并以此为主线，将其他专业课程融合成一个相互融通的课程体系(见图 3-2)。这一课程体系的构建实施，使学生能够提前参加教师的科研实践活动，接受科研活动训练、技术开发和创新训练，以尽早培养学生独立思考、主动探索研究、创新性地独立设计和解决工程实践问题的目标。

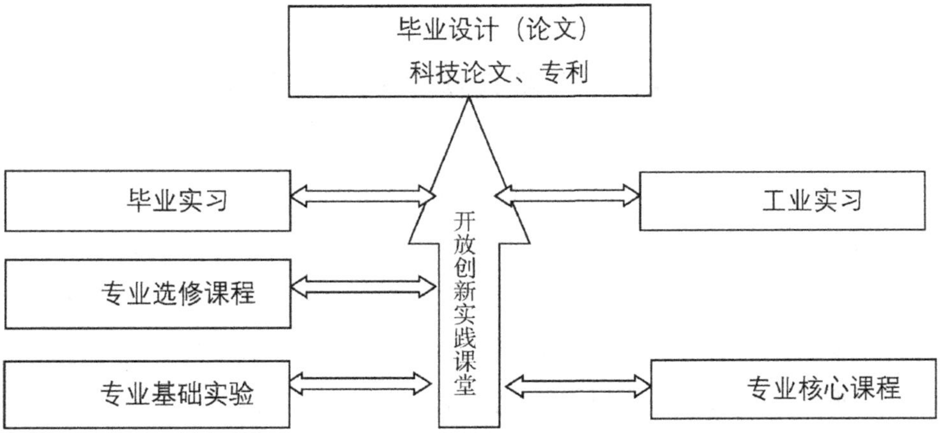

图 3-2　OPCE 课程体系结构图

二、以项目为中心，构建自由开放的新型教学模式

教学模式是教学理论的具体形态，对教学实践起着指导作用，是连接教学理论与实践的桥梁，在两者之间发挥着承上启下的中介作用。传统的教学模式以课堂为中心，以教师的教为中心，强调知识的讲解与灌输，学生处于被动学习的地位，学习的主动性发挥有限。在师生关系上，以“讲”和“授”为主导的课堂组织，多属于师生之间的纵向交流，生生之间交流不

多。如何改变上述传统教学模式的弊端，让学生自主地参加知识的获取和探究过程，减少师生间的纵向交流，增加同学之间的横向交流，我们思考和探索的结果就是实施以项目为中心的教学模式。

项目式学习思想的产生已经有近百年的历史，近年来，基于项目式学习教育模式已经被世界不少国家和地区广泛应用。项目式学习(Project-based learning，PBL)属于建构主义学派的一种方法，它认为探究问题是学生有效学习的本质，通过让学生参与项目的方式来改善学习效果，开发相关技能①。根据项目教学理论的发展来看，更多的学者把它界定为一种围绕项目展开的探究性学习模式。其中，项目具体是什么，则要根据具体的情境去设定，其表现形式可以多样。项目可能是来自教师布置的具体问题，可能是来自学科专业中学生自己设计的题目，也可能来自教师的某个横向科研课题。但是有一点可以肯定的是，项目必须是复杂的任务，是经过教师筛选的，是真实存在的，学生为了完成项目目标，需要在教师的引导下展开调查、参与设计、解决问题、制定决策。在这个过程中，项目需要学生以团队的组合来分工协作、共同完成，最终以陈述或交付实际作品、产品的方式结束项目。以项目管理形式开展教学活动，打破教学活动与科研创新活动的隔离，将教师科研与教学、学生学习实践活动融为一体，以导师引领下的项目小组研发推进教学，极大地促进学生自主探究、自主学习的主动性，同时在活动场域上打破传统封闭的课堂教学时空壁垒，在完成任务的前提下，教师和学生可以自行灵活安排授课时间和地点，有利于学生的自由发展。

三、突出学生主体，构建应用型创新人才培养的制度体系

学生的主体地位，不能只停留在教师“还”权于学生，教师把学生作为主体，最重要的是唤醒学生的主体意识，培养学生的主体性。因此以“学

① 刘广平，陈立文，李媛. 国外基于项目式学习的教学模式研究述评[J]. 高等建筑教育，2014(4)：44-48.

生为主体”的高等教育观念，决定了以“学生为本”的管理。因此，我们重新审视学校的管理理念、管理制度、管理模式等，以调动应用型创新人才培养中师生员工的积极性、主动性、创造性为目的，通过实行本科生全员导师制，加强对学生思想、学业指导以及专业引领；通过实施创新训练计划，形成“基本技能和方法训练、科技创新方法强化训练、创新能力提升”层层递进、逐步提升、四年贯通的“三层次金字塔式”创新训练模式；通过完善实验室建设与管理，为学生开展创新实践活动提供充分的活动场地保障；通过改革教师和学生考核激励制度，调动教师和学生投身人才培养和改革创新的内在和外在动力。经过以上举措，最终将以人为中心的管理科学化、制度化、程序化，围绕“OPCE”形成“教育输入——教育过程——人才输出——教育问责”的创新人才质量保障体系，固化为学校创新人才培养的制度成果。

四、突出能力导向，构建开放多元的学业评价体系

学业评价是教学过程的重要组成环节，同时对于教学活动也具有重要的导向作用，是达成教学目标的风向标和指挥棒。OPCE 体系中的学业评价，应该更加关注学生综合实践创新能力的丰富内涵，而不是单纯地只对知识向度进行考核。因此，我们全面改革学业评价模式，打破传统单一的评价形式，将过程评价和结果评价相结合，知识水平评价和创新能力评价相统一，构建了开放多元的创新能力评价体系，为每一位学生创新能力的提升提供公平的个性化发展空间。

在评价内容上突出多元化，建立了包括知识与技能、态度与习惯、过程与方法、能力与成果等四个维度的综合评价指标，将创新精神、工程理念、团队合作、历史和社会责任感这些创新能力中必不可缺的情感要素纳入其中。在评价方式上突出多元化，一是考核形式多样化，综合运用笔试、现场实操、小组汇报等多种类型；二是成果形式多样化，研究过程记录、研究报告、论文、比赛成绩等过程性成果作为评价结果的重要组成部分；在评价主体上突出多元化，导师、实验室管理人员、合作企业参与指

导的相关人员、学生团队成员都可以作为评价主体参与评价；在评价标准上突出多元化，结合每个学生的学习程度、掌握能力和阶段要求，在评价标准上予以区别，注重不同学生的差异性发展。

五、深化产教融合，构建协同创新人才培养平台体系

校企协同是人才培养的需要，也是地方高校服务经济发展的需要。建立协同创新人才培养平台，通过资产、人力资源的重构，实现创新要素集聚，可以把课堂教学为主的教育工作与直接获取经验的研发工作进行有机结合，不仅契合了产教融合的发展方向，而且有利于培养复合型创新人才，促进社会服务和人才培养的同频共振。

由此，在创新实践教学平台建设上，我们打破校内外实践教学场所的隔离，打破教学实验室与教师科研创新平台的隔离，将校企合作科技创新平台作为创新实践教学的主阵地。借助学校转型发展的东风，围绕地域主导产业、特色产业、战略新兴产业和传统文化产业，先后与多家区域龙头企业合作建设协同创新中心、创新基地等 20 个人才培养创新平台。随着 OPCE 体系建设的不断深入，借助协同创新平台，与企业延伸共建产品研发实验室、工程实验室、开放教学实验中心等，不断拓展校企合作维度和教学功能，使其从单一的科研平台扩展为产学研合作基地和人才培养基地，成为我们实施创新实践课程，拓展创新教育空间，培养学生创新能力的主要阵地，使学生提前了解行业科技前沿，接触企业生产中的复杂问题、产品研发，为其适应未来行业科技快速发展，成为合格的工程师和企业管理者打下良好基础。

六、谋动校地联合，构建双师双能型教师培训机制

师资队伍的整体水平是人才培养质量的决定性因素。培养提高教师的素质能力水平，大力打造一支创新型教师队伍，是实施创造性教学，培养创新人才的突破口和关键。对于地方高校来说，尤其是理论水平高、实践能力强的“双师型”师资队伍。为此，我们与地方政府签订了长期人才交流

与合作协议，通过借助校企合作创新平台的建设，建立起了高校教师进企业、企业专家进课堂的双方人员交流长效机制，搭建了双师型教师队伍建设的立交桥；通过完善教师引进模式，加大对高层次尤其是领军人才的引进力度，着力打造高层次人才团队；通过开展多方位、多渠道的教师培训，提升教师的教学改革和学术创新能力；通过建立健全教师考核和激励机制，形成教师改革创新的内驱力。

十四年的勠力实践，学校应用型人才培养取得了显著成效，实现了“五转变”“两提升”。“五转变”是课程体系由“知识导向”的“理论+实践”版块式结构转变为“能力导向”的“理论·实践·创新”深度融合式结构；教学模式从“教师中心”的知识传授模式转变为“学习中心”的研究式学习模式；学业评价由只注重知识学习成果的终结性评价转变为注重过程和情感、能力的多元化评价；教师角色由知识灌输者转变为学生研究性学习活动的引导者、合作者；学生角色由被动的知识接受者转变为探究活动的设计者和主动参与者。“两提升”是学生的创新能力显著提升，教师的教研和横向科研能力显著提升，教学相长效果显著。

第四章　产学研教创一体化：OPCE 育人体系的构建

目前，我国高等教育已经由精英式教育转向大众化教育，根据党中央国务院"鼓励高等学校适应就业和经济社会发展需要，调整专业和课程设置，推动高等学校人才培养"的指示，很多地方高校适时对学校发展定位进行了调整。受办学定位和资源配置的影响，师范性质的高等院校向综合型大学转型的变革进程会受到限制，这使得应用型本科专业的建设变得尤为困难。基于此背景，构建新的高层次应用型人才培养模式就显得尤为必要。

我校在进阶综合型大学之初，增设了材料科学与工程专业。本专业充分发挥了我院表面微纳米材料研究所、河南省微纳米能量储存与转换材料重点实验室、河南省微纳米材料与器件工程实验室、河南省纳米功能材料及其应用协调创新中心在新材料和新能源领域的优势，对本领域高新技术的发展起着引导和支撑的重要作用。专业自开设以来，就把为区域经济社会发展输送高层次应用型工程技术人才作为培养目标之一。我们充分发挥与兄弟院校、企业、科研机构之间的资源共享优势，结合中外合作办学及联合培养的方式，构筑了体系开放、机制灵活、渠道互通、选择多样的人才培养体制。开发全方位深度融合创新人才培养模式，构筑"开放+实践+创新"新型课程体系、产学研协同育人的创新人才培养体系等，并最终形成了"产学研教一体化"的育人新模式，使大学生在参与创新实践、解决复杂实际生产问题及新技术的研发应用过程中，深入掌握理论专业知识，领悟程序性知识，锻炼科技应用创新的整体性思维，提升创新意识和能力。

第一节　OPCE 课程体系的构建

一、OPCE 课程体系

OPCE 理念旨在培养学生的创新和实践能力。为保证该目标的达成，我们制定了一系列保障体系，并设立相应的活动以促进高效完成，具体体现在课程体系的分模块设置上。如表 4-1 所示，我们将课程体系归纳为开放、实践和创新课程三大类。其中开放课程的设置源于基础的理论认知，有给定的目标及相应的要求，通过灵活的课程形式使教学过程更贴近学生的需求，可在宽松的氛围中自由学习。实践课程的开设结合了地方经济发展的特色和企业的生产需要，增设具有地方特色的专业导论和专业拓展课程。此外，还结合专业特点和时代的发展，开设了与学科专业发展前沿相关的创新性实践类课程。此类创新性实践课程的开展形式以科技创新活动为主，如“世界科普日活动”“魔法城堡实验室”等，以促使大学生科学素养和创新能力的有机统一。通过完善系统的课程体系、扎实务实的实践教学、科学严谨的创新锻炼，推动大学生参与各项创新实践训练。

表 4-1　“开放 · 实践 · 创新”课程体系

项目	基础与认知	理论与实训	岗位与实习
开放	基础理论认知	开放实验	开放教学与科研
实践	基础实践	企业锻炼	实践创新
创新	创新性课程	创新锻炼	创新成果

(一)“三课堂”理论课程体系构建

为提高学生的实践操作能力，OPCE 课程体系融入了多项训练学生基本技能、专业技能和应用创新技能的本科生实验课程。如图 4-1 所示，基础实验技能包括基础实验课程(材料科学基础实验、无机化学实验等)和 C++等编程类实践课程，专业技能包括实验室实践平台、课程设计训练与实践、认识实习、专业实习、岗前生产实训和大型专业综合实验等，应用与创新能力的培养模块包含社会实践、大学生创新创业训练、科研训练、工程专业类学科竞赛、劳动技能大赛及训练等。

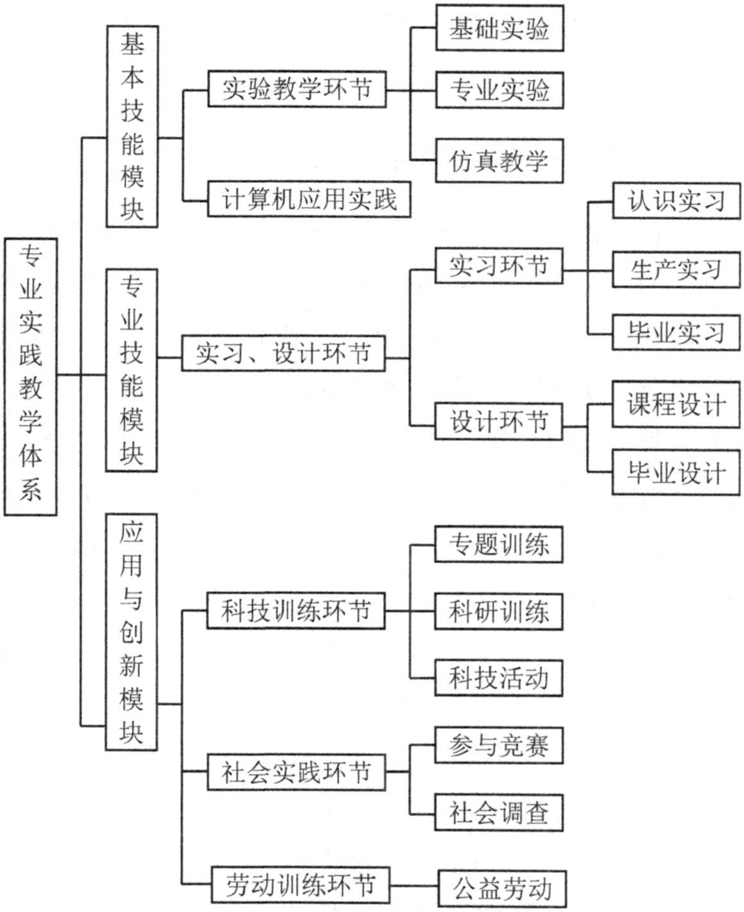

图 4-1　基于 OPCE 的实践教学体系

需要特别补充的是，整个 OPCE 理念的贯彻过程，共享了我校和行业企业的优质教学资源。学院、学校和企业共同管理、建设专业实验室和见习实习实训的基地，共同斟酌推敲培养方案、课程内容和质量评价考评指标，聘请企业资历丰富的教授级高级工程师参与到人才培养和课程建设当中，以发挥企业、社会在高校专业建设中的评价与筛选作用。在临近毕业的一年，让部分学生的毕业实习和毕业论文有机结合，在企业中完成，在学校本专业指导导师和企业工程师导师的联合指导督促下完成，即岗前双导师制。此种产学研同步结合的新模式在国内已得到推广。这大大增强了课堂授课的应用性，提升了学生的学习兴趣，有效增强了学生毕业后的就业竞争力。

(二)“三模块”实践课程体系构建

在应用与创新模块，充分利用现有的科研条件，发挥学科平台的优势，在“实验→实习→毕业论文”的过程中融入教师的科研项目和最新的研究成果，及时调整授课内容，优化教学手段和方式，拓展科研训练的环节，完善和更新全方位的创新型人才培养计划。为充分利用实践教学和科学研究的互补性，鼓励教师将科学研究代入课堂，鼓励学生积极参与其中，并大力推动将课堂专业理论知识和教师最新科研成果用来解决复杂的生产实际问题，并在参与企业实际生产后总结梳理，以书面形式汇报，并将其应用于后期的课程内容的更新。

以科研项目产业化的形式，开发实践教学平台，让学生在开放式的实习环境中自由全方位地了解并参与到相关行业产业的生产当中，以促进产学研模式的高效实施。聘请企业资历丰富的高级应用型技术人才参与到人才培养中，把应用型高级技术人才“请进高校课堂”，开设与本专业相关的应用型选修课程。在学生培养和教学管理中，把学生在企业的实践表现融入整个教学过程，并设置合理的评价标准，以发挥企业与社会在高校专业建设中的评价和筛选作用。学生通过参与和专业相关的实习实训，增强了适应社会的能力，为毕业后的顺利就业打下良好的基础。例如，许昌学院依托与禹州市神垕镇大宋官窑、孔家钧窑和黄河旋风股份有限公司等企业的合作关系，深入实施多种形式的“产学研”合作，包括：选派双师型教师入驻企业，深入了解实际生产中的技术难题，安排学生到相关企业深入学习，发挥专业理论知识的优势与企业技术人员深入沟通等。许昌学院与新天地药业有限公司签署了共建实习基地暨就业协议，并围绕医药中间体“左旋对羟基苯甘氨酸邓氏钾盐”“对甲苯磺酸”“左旋对羟基苯甘氨酸甲酯”等产品开展研发合作，通过开展“科研训练”“创新创新开放实践平台”等系列实践项目以及开放实验室、认识实习、岗前实训、生产实习、毕业顶岗实习等多个环节践行了教学过程的实践性和应用性，大大提升了学生对生产实际及关键生产流程的了解程度，提升了学生的动手操作能力。在此合作的基础上，许昌学院为企业培育输送了一批高素质、高能力专业对口的应用型人才。此外，该种校企合作的模式还优化锻炼了大批师资，企业接纳了多名生产经验资历不够丰富的青年教师，通过“双百工程挂职锻炼”“博士服务团下基层挂职锻炼”等多种形式进驻企业，协助培育了一批应用型师资，建设了高水平的双师型教师队伍，为向应用型大学的转型提供了有力的支撑。

通过“三模块”实践教学的构建，培养学生的动手能力，提高劳动锻炼能力，激发学生探知新技术元素，提高学生的岗位适应能力。

（三）“三阶段”递进创新能力培养

在学生已掌握的基本理论知识的基础上，利用现阶段具备的科研条件，在教师的带领下探索本专业领域内各现象的内在规律，并基于此获取新知识。结合多年的教学实践探索，我们完善了“三阶段”递进式创新人才培育体系。“三阶段”递进式创新人才培育体系利用现有的可开放的实验平台和条件，通过“专业知识的掌握—实践能力的锻炼—自主创新能力的提升”实现学生创新能力的层层逐步提升。通过参与实验、设计等实践活动，使学生养成科学的思维习惯，养成良好的从事科研研究的习惯，将实践教学中获得的知识和技术融入实际的工业新产品的研发中，实现新技术的应用。通过“专业知识—实践能力—自主创新”三个层次的逐步提升，实现本科生创新能力的培养。通过“科研反哺教学”，将教师的科研新成果融入教学实践过程当中，在科研成果转化的同时同步培养学生的创新能力（见图 4-2）。

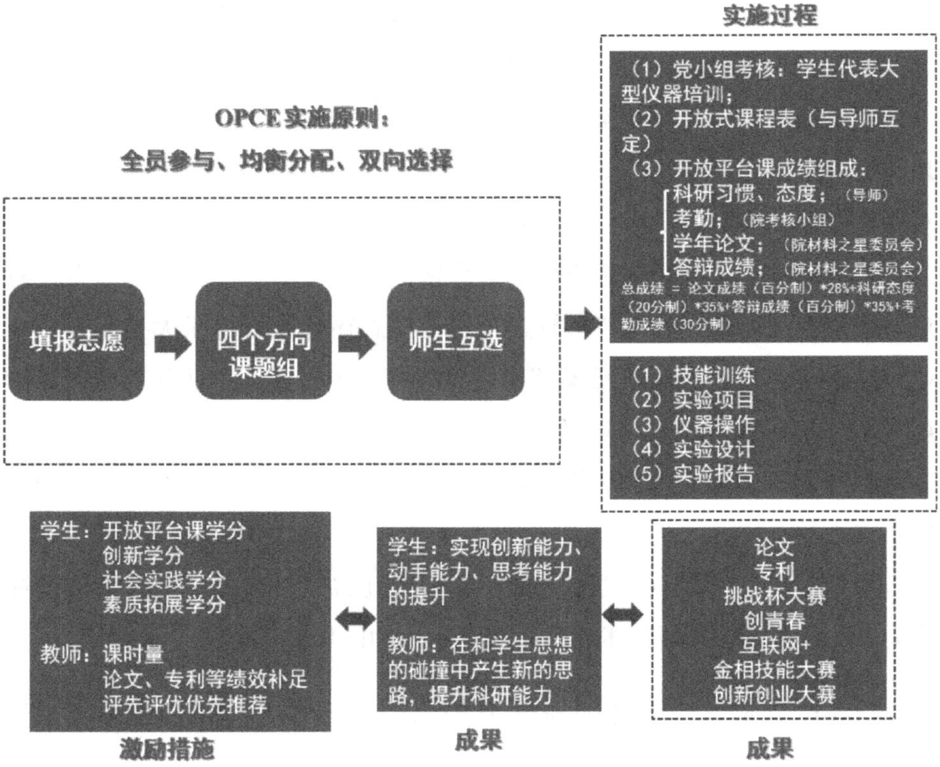

图 4-2　基于 OPCE 课程具体实施原则

二、OPCE 人才培养的学程安排

地方高校应着力于培养应用型人才，构建服务地方产业发展的人才培养体系。以更新理论知识、增强实践体验、改革应用教育为路径，通过课堂授课夯实理论基础知识，参与实践教学了解企业岗位，投身实验平台以提升创新应用能力，提升应用型人才培养的质量，最终实现服务社会发展的目标。围绕以上几点，许昌学院把课程设置划分为大一、大二和大三上、大三下和大四上三个阶段，并依据学生情况和行业企业的实际生产需求进行模块划分，如表 4-2 所示。大学一年级主要是基础与认知，此阶段需要扎实基础理论知识和对企业岗位的认知，掌握基本的实践操作技能与方法；大二和大三上学期着重于科学素养的培养，此阶段主要设置与工程实践和行业产业生产实际流程相关的课程，培养学生的岗位实践能力；大三下和大四上学期着重于锻炼学生的创新能力，此阶段主要开展创新活动、应用类实践课程，以提升学生的创新和用理论知识解决复杂实际生产问题的能力。

表 4-2　“开放·实践·创新”学习进程

学期	大一	大二、大三上	大三下、大四上
目标	基础与认知	科学素养训练	创新能力锻炼
内容	基础理论与岗位认知课程	工程实践与产业流程相关课程	创新活动、实践应用课程
能力	基本技能和方法	岗位实践能力	创新应用能力

在今后的教学实践中，我们将继续探索挖掘产学研教结合的新思想、新路径、新方法，继续完善人才培养方案，开设更为合理的课程设置，继续深入推进专业建设、课程体系和人才培养模式的有机结合，将人才培养中的实践和创新能力的培养融入专业教育中，使学生尽早接触并投身到科研和生产实践中，为培养和提升大学生的创新和实践能力，增强社会责任感和就业竞争力而努力。

第二节　OPCE 教学模式的构建

目前我国高校的部分大学生们还存在缺乏学习的主动性及被动接受知识的状态，使得学生在应用知识、创新思维和创造能力方面有所欠缺，这主要是因为目前还存在以灌输式为主的教学模式。尤其是在理工科类的具体教学中，虽然强调理论与实践并重，但是实际教学中，并没有真正转变“重理论、轻实践”的教学模式①。要使大学生们在实践创新上有所突破，必须在现代高校的课程设计和培养方案中安排创新实践部分的课程，通过这些课程的开设，培养学生的创新意识和创造能力。在理工科大学生的创新素质和创造能力的培养过程中，高校实验室作为实践教学和教师科研的重要场所起着举足轻重的作用，是知识与实践创新的重要基地，也是提高大学生素质与能力的重要课堂②，知为先、行为重，物为末、人为本。高校实验教学的一个重要课题是培养学生的创新意识和创造能力。但数十年来，在理工科基础课实验教学中，其课程内容和教学模式多以验证型、演示型实验为主，这种过于陈旧的实验教学模式导致学生们懒于思考，简单地照葫芦画瓢，不能充分调动学生的积极性，不利于培养学生发现问题和解决问题的能力，不利于创新意识和创造能力的培养，难以满足现代社会对高素质、创新型人才的要求。而创新型的教学模式不同于传统模式的高校实验课程，具有更大的灵活性、不稳定性和创新性③，因此如何在理工科专业中确立以创新和实践为导向的教学模式，建立怎样的一个对学生和教师的量化评价体系，值得进一步探讨。

教学模式主要是指在一定的教学理论或思想指导下，形成的比较稳定的教学活动结构范式，是对教学过程中目标、途径、方法、评价等各要素之间组合的一种程序步骤。随着现代社会市场化程度的增高，如何培养能够完全适应社会发展需要的大学生应用型人才是当代大学急需解决的关键问题。因此根据理工科专业特点及以创新实践为导向的中心思想提出循序渐进的三阶段教学模式。如图 4-3 所示：

---

① 宋娟. 寓学于行的创新实践课程设计[J]. 中国高校科技，2012(01-02)：105-106.

② 吴金星，王晓，王保东等. 教师科研项目是强化实践教学和培养创新能力的良好平台[J]. 大学教育，2014(1)：97-100.

③ 朱媛媛，陈智慧，曲婕. 新能源材料专业实验教学的实践与探索[J]. 产业与科技论坛，2013，12(2)：157.

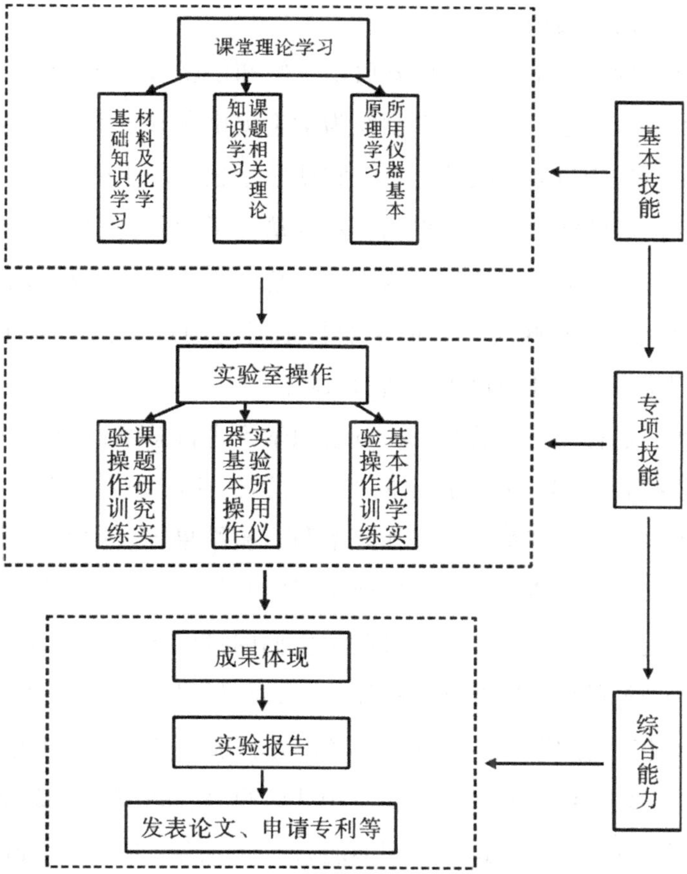

图 4-3　三阶段渐进式教学模式

新生入学后，应积极引导他们尽快对本专业的学科领域、未来发展以及职业前景有初步的认识。等到了第二至第四学年时，他们已经学习了通识类课程、文化素质课程及专业平台课程，让他们参与到教师主持的科研项目中来，和学生一起制定一些和专业课程相关的创新实践课题，同时给学生讲解他们所从事的课题的发展前沿、产业背景及相关的理论知识。这些旨在培养学生的哲学思维方法、人文修养、思想道德素质和心理生理素质，这是创新能力培养的方法论基础；再加上工业见习、金工实习、课程设计、工厂实习等课程的训练。以上这些都是材理工科专业应掌握的基本技能和课题入门的培训。

利用高校的实验室开设一些开放型实验和创新型实验给学生提供更多创新实践的机会，通过建立校企联盟为学生提供良好的实习基地。实验实施的过程是将理论付诸实践的过程，它使学生独立动手的能力、独立分析问题和解决问题的能力得到了提高，不仅培养了学生科学研究的品质，而且增强了自信心。同时又让他们认识和了解到所从事的课题都是和本专业的发展息息相关，有些又是当前企业技术研发的难点，从而有了一技之长，为他们将来的就业提供了机遇和保障。

整个实验过程乃至实验结束，可组织学生进行总结讨论，教师应指导学生对研究报告提出问题，提出问题的内容包括：文献准备与背景知识，思路与技术手段的实践情况，操作环节与实验结果等。讨论后，指导教师应对每一个创新实验进行点评，主要是肯定其长处，高度赞扬同学们的设计热情和创造能力。这些作法能唤起学生们的科研热情，激发他们的创新意识，培养他们的创新精神和实践能力。参与科研实验极大地激发了学生的创造“潜能”，激发了学生强烈的好奇心、求知欲。将专业学习与个人的兴趣爱好、发展结合起来，用新知识武装自己，拓宽了知识面，增强了学生独立获取知识和综合运用知识的能力，学生的综合素质得到了提高。

理工科院系可以在培养方案中设置开放平台创新与实践课程，上课时间相同但每个老师将自己指导的学生作为一个小班进行理论教学，按每年级指导 3~4 名学生来计算，每个老师应该每年指导 12~15 人。理论课教学安排在每学年第一学期 1~8 周，主要讲述课题相关的理论知识及所用仪器的基本原理知识。每周 2 个学时，每学年 16 学时。每个指导老师一学年可以获得 1 学时。教学结束可以开卷方式对学生进行考核。

在现代大学教学模式的发展过程中，尤其在理工科专业的人才培养中，开创创新型的教学模式不仅有利于学校教学水平的提高，还能培养学生的创新思维和创造能力，为国家培养出更多符合现代社会需求的复合型人才。只有在教学过程中普及创新型教学模式，才能够让高校真正成为孕育创新人才的土壤和摇篮。

第三节 OPCE 教学评价体系构建

教学评价是教学质量监控的重要组成部分，对教学活动具有重要的导向作用，是达成教学目标的风向标和指挥棒。2020 年 10 月，中共中央国务院印发《深化新时代教育评价改革总体方案》明确提出要树立科学成才观念，坚持以德为先，能力为重，全面发展①。依据《方案》，要全面深化评价改革，强化过程性评价，建立健全综合评价体系。

OPCE 全面发展的教学评价观恰恰契合落实《方案》的要求。OPCE 体系中的学业评价，打破传统单一的评价形式，将过程评价和结果评价相结合，知识水平评价和创新能力评价相统一，构建了开放多元的创新能力评价体系，更加关注学生综合实践创新能力的丰富内涵，旨在满足学生个性化发展需要，促进学生全面发展。

一、突出评价内容的多元化

创新活动是一个持续性的长期的自主行为，具有一定的外显性和内隐性。正如科学研究活动不一定能够在一定时期内获得理想的成果一样，并不是所有学生经过努力后都能在规定时间内获得满意的创新成果。另一方面，比创新成果更重要的，是不畏困难持之以恒的创新精神、绿色客观的工程理念、团队合作精神、历史和社会责任感等这些创新能力中必不可缺的情感要素的养成。为此，教学评价的内容就不能仅限于知识与技能单向维度，而应该包括知识与技能、态度与习惯、过程与方法、能力与成果等四个维度的综合。其中，知识与技能维度的评价内容主要包括学生对理论知识的掌握程度和基本实验技能水平；态度与习惯维度的评价内容主要包括对待科技创新的态度、实验室工作习惯、小组合作意识、社会责任感

① 中共中央国务院. 深化新时代教育评价改革总体方案[EB/OL]. 中华人民共和国中央人民政府官网，http://www.gov.cn/zhengce/2020-10/13/content_5551032.htm.

等；过程与方法维度的评价内容主要包括对仪器设备操控水平、对科技创新方法运用的熟练程度、对科技创新过程的宏观把控水平等；能力与成果维度的评价内容主要包括知识综合运用能力、创新思维能力和问题解决能力。OPCE 教学评价涵盖以上全部内容，从而确保对学生的全程参与度给予全方位的客观评价。

二、突出评价方式的多元化

OPCE 教学评价突出结果性评价与过程性评价的有机结合。结果性评价主要从知识与技能、能力与成果两个维度进行考核，其中知识与技能维度中对理论知识的考核主要采用纸质测验的方式，对实验技能的考核主要采用实验室操作现场测评的方式；能力与成果维度主要综合考核学生的创新成果，以提交研究报告、研发产品、发表论文、获得专利、学科竞赛等形式进行考核。过程性评价主要考核态度与习惯、过程与方法两个维度的内容，通过考勤、实验室工作记录、小组活动表现评价、阶段性研究报告等方式进行综合评定。(见图 4-4)

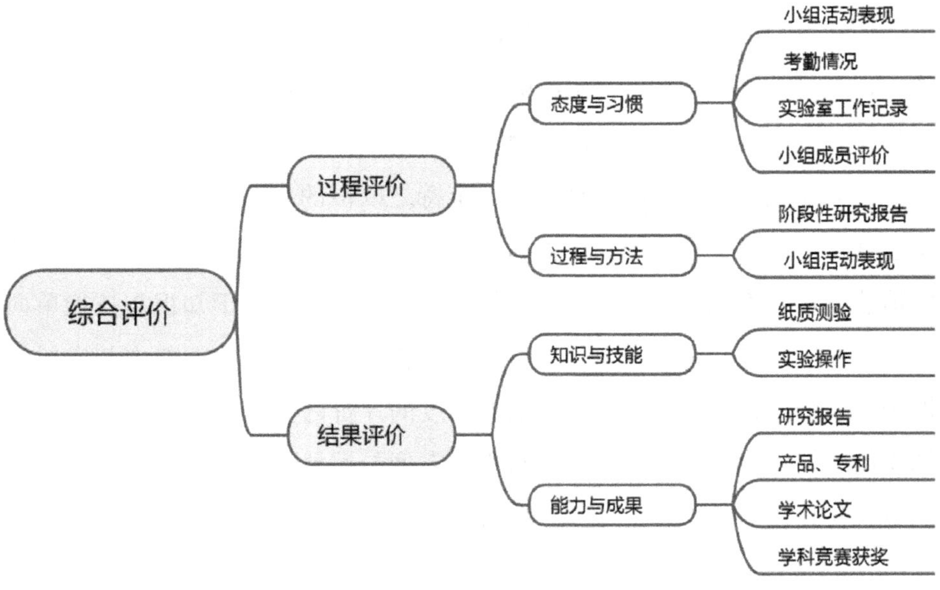

图 4-4　多元化教学评价体系框架图

三、突出评价主体的多元化

OPCE 理念下的教学活动是一个教师与学生之间、校内外导师之间、学生小组之间、学生个体之间的多元互动过程，要求教学评价决不能只是教师对学生的单向主体评价。因此，OPCE 教学评价强调多元评价主体，将实验室管理人员、合作企业参与指导的相关人员、学生团队成员也作为评价主体纳入评价体系中，将实验指导老师评价、企业指导老师评价和团队成员互评作为综合性评价的重要依据。

四、突出评价标准的多元化

学生个体发展是具有多样性的，教学活动中创新实践能力外在表现水平较低的学生，并不意味着他们就没有发展潜力。同时，创新教育的最终目标并不是要求全体学生在校期间都能成长为科技创新的能手，而是通过创新实践活动培养学生宏观的创新思维、敏锐的创新意识、坚韧的创新精神等科技创新品格，从而将学生的创新潜质和创新追求激发出来，使其养成终身学习的能力和不断进取的人生态度，能够在将来的职业生涯中积极应对行业产业技术革新和发展，具有更加长远和宽阔的发展潜力。因此，应尊重学生个体发展的多样性，针对不同学习水平的学生，拟订不同的评价标准。比如学生只要按要求完成每一阶段的研究报告，即可获得课程学分；能够产出研究成果、发表科技论文或获得专利的学生，则可额外获得创新学分及资金奖励。每一个学生在创新实践活动中都能获得成就感，能够鼓励他们在自己原有的能力基础上获得一定程度的进步和发展，或者在不同的方面获得发展，从而在他们心中种下一颗终身创造和发展的自信的种子。

第四节　OPCE 协同创新平台建设

协同创新是以“协同”的方式由两个及以上的主体通过交流、协调所进行的创新活动。高校协同创新平台就是包括高校在内的不同创新主体，通过相互打破界限壁垒，以人才培养、学科建设、学术研究、技术革新为目标，组成高校与高校之间的校际协同，也可以是高校与科研院所、企业、政府之间的跨业界协同。从地域上看，高校协同创新平台必然打破一校之内的地理范围，实现高校与本地区、全国乃至全球在技术、人才、资本、设施、信息和政策等创新资源上的互动流通。而 OPCE 协同创新平台的建设旨在瞄准科学前沿和经济社会发展的重大需求，以人才、学科、科研三位一体的创新能力提升为核心，大力推进高校与高校、科研院所、行业企业、地方政府以及国际创新力量的深度融合，探索建立适应不同需求、形式多样的人才培养和科学研究协同创新模式。地方高校要坚持立足地方办学，服务地方经济社会发展，坚定不移地融入地方办学、深化产教融合、推进校地合作，积极调整优化学科专业结构，改革完善人才培养模式，强化校企协同创新，积极争取地方政府支持，在地方政府主导下推进校地校企合作，构建具有自身特色的协同创新平台。

一、地方政府主导下的校地校企合作是构建协同创新平台的关键

我国大部分新建地方本科高校缺乏行业产业背景，与行业企业联系不紧密，升本后模仿学术型大学的人才培养模式，片面追求学术研究的“高大上”，学科专业设置、人才培养与地方产业需求不对接不匹配，导致地方本科高校办学同质化倾向严重，办学特色不明显。对于地方本科高校来说，既要充分体现普通本科高校的基本职能，遵循高等教育发展的基本规律，还必须考虑自身独特的办学定位和办学目标，那就是要突出“地方性”和“应用型”。坚持“地方性”，就要求地方本科高校以满足地方经济社会发展的需要为主线来确定办学目标，实现学科专业契合地方产业结构调整的需要，人才培养满足适应地方经济社会发展的需求，科研成果符合当地行业企业科技创新的需要，从而实现与区域经济社会的良性互动、协同发展。突出“应用型”，就要求地方本科高校办学必须贴近地方产业需求，构

建契合地方重点产业链的应用型专业群，培养适应行业企业核心素质和能力要求的应用型人才，产出能够支撑地方企业产品升级和产业转型升级的应用技术成果。

同时，地方本科高校也只有植根地方土壤、服务地方发展，主动把办学与所处的地区和城市独特的产业优势相结合，走差异化发展和特色办学道路，在学科专业建设、科学研究和文化传承创新等方面培育自身的特色，这样才能办出特色、办出水平。地方高校要想培养高素质应用型人才，提升服务地方经济社会发展的能力，深化校地校企合作、促进产教融合发展是必然选择。长期以来，地方高校在加强校地校企合作方面做了许多有益的探索，但效果并不十分理想。传统的校企合作，主要是靠学校和企业之间的人际关系来搭建和维持，层次低、范围小、效果差，没有建构起稳定有效的合作机制。而且，一些企业，特别是大型企业或行业领头企业往往不太主动，甚至把校企合作当作负担。影响校企合作的主要症结在于身处转型发展初期的地方高校，服务地方经济社会发展的能力较弱，沟通联系地方、企业的渠道不畅。因此，地方政府积极发挥主导作用，组织、协调和推动高校与地方行业企业的合作，实现校地互动、产教融合，自然成为解决问题的关键①。

许昌学院积极争取许昌市委市政府的支持，构建政产学研长效合作机制，在政府主导下推进校地校企合作，在构建协同创新平台方面进行了积极探索，取得了明显成效。与许昌市政府签订了战略合作协议，与河南省教育厅签订了《共同支持许昌学院转型发展协议书》，许昌市还成立了由主管副市长为组长，发展改革、财政、教育、科技、工业与信息化、人力资源与社会保障等局委负责人为成员的支持许昌学院转型发展协调小组，定期研究解决并统筹协调校地合作事项。在许昌市政府的组织协调下，许昌市各县(市)区以及 50 多家地方骨干企业与许昌学院联合成立了科技协同创新战略联盟，积极筹建许昌产业研究院，瞄准许昌的重点产业，与有关

① 陈建国. 打造校地校企合作“许昌模式”[J]. 中国高等教育，2016(23)：33-35.

企业合作成立产业联盟，推进产学研深度合作。通过以上措施，初步构建起了“政府主导、学校主体、企业参与、校地互动”的政产学研合作长效机制，校地校企合作由此步入稳定发展轨道。

在此基础上，许昌学院紧紧围绕区域产业发展需求，突出科技工作的应用导向，加强校企协同创新和成果转移转化。许昌市政府设立了五千万元专项资金，用于许昌学院的协同创新平台建设，围绕地域主导产业、特色产业、战略新兴产业和传统文化产业，先后与多家龙头企业合作建设了工业机器人、清洁化工、无人机低空遥感、智能电网技术与装备、纳米功能材料及其应用、超硬材料制品等近二十个协同创新平台。这些协同创新平台作为教师开展横向科学研究、学校履行服务社会职能的窗口和桥梁，在促进校企合作、推动学校转型发展方面发挥了重要作用。许昌市政府还依托许昌学院建设了大学科技园，已孵化企业 30 多家，入驻科技团队 20 多个，促进了科技成果产业化。政府的投入带动了企业的投入，投入的增加促进创新成果的涌现，科技创新推动了企业的技术升级，校企合作由此步入了良性循环。

二、协同创新平台建设在本科生创新教育中的作用

科技创新是培养创新型人才的有效途径，开展大学生科技创新活动已经成为高校人才培养的一项重要内容，是实现从“中国制造”向“中国创造”转变的重要人才培养途径。实验教学是学生科技创新的主要途径之一，常规的实验教学往往不能充分提高学生的创新能力，开放实验室能为学生提供一个发挥个人潜能的广阔空间，在实验与制作的过程中使学生的创造性思维得以实践。因此，如果协同创新平台的功能仅限于校企合作的科技研发和成果转化，而忽视人才培养这一重要功能，无疑是一种资源浪费。随着“OPCE”体系建设的不断深入，我们一直在努力拓展和丰富协同创新平台的教学功能，充分利用其设备相对高端齐全、更加接近工程实践环境的优势，鼓励教师带领本科生团队参与平台研发课题，使其从单一的科研平台扩展为产学研合作基地和人才培养基地，成为我们实施创新实践课程，

拓展创新教育空间，培养学生创新能力的主要阵地，在深化产教融合、科教融合中扮演着越来越重要的角色。

第一，借助协同创新平台，与企业延伸共建产品研发实验室、工程实验室、开放教学实验中心等，不断拓展校企合作维度，使这些校企合作创新平台在我们深度推进教学改革的过程中起到重要作用，在应用型创新人才培养中取得了显著成效①。

第二，各种协同创新平台与校内基础教学实验室、教师科研实验室、校外实践教学基地联合、融通，形成一个完整的创新人才培养平台链条。这个链条中每一个环节都在学生创新实践活动的各阶段、各层次发挥着不同的作用。

第三，校企协同创新平台为学生“实战演习”式的研究性学习提供了条件优越的仪器设备条件，为创新训练计划的实施提供了足够的资源保障和实施空间，把学校的培养过程延伸到社会生产和科研实践第一线。

第四，借助校企协同创新平台，聘请企业专家和研发人员担任本科生创新团队的校外导师，使每个学生团队都配备校内校外双导师。一方面，校外导师利用自己丰富的实践经验和专业知识为学生的项目研究提供更加接近工程实践的精准指导；另一方面，校内导师在与校外导师的配合过程中，可不断汲取实践经验，丰富企业生产研发经历，与学生共同成长。

如许昌学院表面微纳米材料研究所依托河南省应用化学重点学科（第七批、第八批）、河南省微纳米能量储存与转换材料重点实验室、河南省微纳米能源材料院士工作站、河南省微纳米结构与应用院士专家工作站、中-加表面微纳米材料合作实验室等创新平台，形成一支包括教育部新世纪优秀人才、河南省科技创新杰出人才、河南省科技创新杰出青年、河南省高校科技创新人才、河南省学术技术带头人等多名优秀学者在内的专业结

① 郑直. 应用型本科院校学生创新能力培养的内涵与路径[J]. 社会科学家，2016(12)：114-118.

构互补的研究团队，拥有包括扫描电子显微镜（SEM），原子力显微镜（AFM），X-射线粉末衍射仪（XRD），激光拉曼光谱仪（Raman）等在内的价值2800万元的仪器设备。研究所依托上述协同创新平台和创新团队，以“人才培养、科学研究、服务地方经济”为办学目标，强调以强势科研带动专业建设，积极参与 OPCE 育人体系建设，通过引入教育新技术，结合全新的实践教学方法，为现代材料学专业培养具有综合技能的高素质人才提供了有力的保障。

三、开放式协同创新平台建设定位

（一）地方政府要成为校地协同创新的引导者

高校与地方和企业的良性互动和协同发展，需要大学自身的努力，更需要外部环境的优化，特别是需要政府发挥自身的独特优势和作用。地方政府作用的发挥至关重要，甚至在一定程度上决定着地方高校的转型能否成功。地方政府应该把地方高校纳入地方经济社会的统筹发展中，引导地方高校把学科专业建设、人才培养、科学研究与地方产业发展的宏观规划紧密结合，实现高校与地方经济社会发展的有机融合。地方政府更需要发挥自身的指导、管理和协调职能，做地方高校发展的服务者，积极为地方高校提供资金、资源等办学和发展所必需的保障要素，为高校与地方行业企业的合作提供政策支持，为地方高校和地方企业的合作牵线搭桥，保证校地校企合作顺利推进。

（二）协同创新平台建设作为高校创新引领重要途径

创新能力是高校办学水平的重要体现，也是高水平应用型大学的重要标志。地方本科高校要把培养应用型人才作为中心任务，但也绝不能忽视甚至放弃学科建设和科研工作，要坚持以提升创新能力来引领转型发展。因此，地方本科高校在转型发展过程中必须“有定力”“不刮风”“不冒进”，做到“立地顶天”。“立地”就是要立于地方办学，服务地方产业和企业的转型升级；“顶天”就是要有高水平的创新平台、创新能力和创新成果。要通过与企业的协同创新，实现以学科发展支撑高质量的专业建设，以科技创新支撑高素质应用型人才培养，以高水平的办学成果支撑地方经济社会发展。

（三）借助协同创新平台建设打造特色专业群

地方性和应用型是地方本科高校办学定位的内在要求，融入地方产业办学是地方本科高校转型发展的根本要求。在转型发展中，地方高校必须发挥主体作用，主动转型、主动融入、主动服务，摆脱模仿和跟随学术型大学的传统发展方式，转向面向区域、贴近行业、立足应用，办出一批具有明显地方产业背景和一定特色优势的应用型学科专业群，实现学科专业群、科技创新链与区域产业链的紧密对接。只有这样，才能做到“有为有位”，才可以争取到地方政府和企业对学校在政策、资金等方面的更大支持，为学校的建设和发展创造更加良好的环境和条件。

许昌学院深化校企合作育人和人才培养模式改革，围绕许昌市重点产业，培育打造电力装备与信息工程、新材料与能源、食品医药与健康等特色专业群，与知名企业联合举办专业。目前，许昌学院每个二级学院、每个专业都有比较稳定的行业企业合作伙伴，并成立了电力装备智能制造、新材料与绿色化工、食品医药与健康等产业学院，嵌入行业产业链设置相关专业，探索学生培养平台和科技创新平台两个协同育人平台，校企双方共同制定人才培养方案，共同编写特色课程教材，共同承担课堂教学和实践教学，共同建设实验实训平台。企业参与人才培养全过程，大大提高了人才培养与行业企业需求的契合度。

（四）借助协同创新平台建设打造双师型教师队伍

校企协同创新平台建设是贯彻落实 OPCE 开放性育人理念，开门办学，开门建设师资队伍的最佳途径。通过校企协同创新平台建设，把地方和企业的人才请进来，参与相关专业的人才培养方案制定、课程体系建设、研发平台建设、本科生创新实践活动的指导等工作，使人才培养与企业的需求紧密接轨。同时，把学校的教师派出去，既为教师创造了实践锻炼机会，使教师更好地了解地方产业发展，更有效地提高了人才培养质量，也为地方和企业提供了科技服务。并通过双方共同带领学生参与校企合作的真实项目研究工作，达到真正持续提升学生创新能力的育人目标。

第五节　OPCE 师资队伍建设

师资队伍的整体水平是人才培养质量的决定性因素，也是促进教育教学改革，全面提升教育教学质量的支撑点。新的时代背景下，社会对于创新型、应用型人才的需求和要求更加强烈，这就迫使地方高校在师资队伍建设方面更加注重能力的培养。如果说学生的创新能力培养离不开工程实践环境的话，那么教师的行业背景和技术创新能力就是学生创新能力培养的先决条件，要想保证创新教育教学改革扎实有效的开展，就必须立足长远，有计划、有步骤地针对学校的实际情况，不断优化师资队伍结构，提高教师专业水平，采取各种切实有效的途径与方法，提升教师的工程实践能力和科技创新能力。

近年来，随着我国高等教育的不断发展，以及向应用技术型大学转型的机遇，地方高校在深刻反思以往人才培养定位的基础上，积极利用长期以来在学科专业、产教融合、师资队伍、招生就业方面的区域优势，形成具有自身特色的校地办学互动模式，逐步走出了一条有别于传统学术型高校的崭新道路。不仅实现了教师队伍整体结构素质的明显提高，专业能力、科研能力、创新能力也得到了极大促进，教学科研梯队逐步形成。围绕学科建设和应用型人才培养，许昌学院设计了实现人才强校战略的规划路径，在地方政府支持下共同打造高水平师资队伍，取得了突出成效。

一、招才引智，大力引进高水平领军人才

人才引进是师资队伍的完善和补充最直接和最基本的方式。通过人才

引进既可以稳定和补充人才，又可以改善师资队伍结构，增加师资队伍的活力，给学校的教育教学和发展带来新的创新理念和思路。

首先，创新人才队伍引进机制，制定适合学校特色和实际情况的人才引进计划和方案。学院先后出台《许昌学院高层次人才引进管理暂行办法》《许昌学院“双百工程”兼职教授管理办法》《许昌学院校外聘请特聘教授、兼职教授聘用及聘期考核实施细则》《许昌学院“316”特设人才岗位实施办法》等文件政策。对高层次人才、领军人才制定特殊的引进政策，坚持优秀人才引进“一人一策”，建立绿色通道，设立“特聘岗位”，完善人才强校战略评价标准体系；其次，拓宽高级工程人才引进的渠道，强化从企业引进高学历高层次人才的比例。企业引进的人才实践能力强、动手能力强，这为培养实践应用型人才的培养提供了捷径。通过企业人才的引进和融合，取长补短，可以有效促进教师交流，对全面提升教师质量和素质具有良好的推动作用。最后，有效利用地方政府的人才优惠政策和待遇“叠加”效应，提升人才引进的竞争力，这对许昌学院的高层次人才引进工作产生了明显的吸纳效应①，在化工、材料、食品、信息、电气等特色学科兼职，柔性引进特聘教授和兼职教授，包括中科院院士、中国工程院院士、“千人计划”特聘专家、“长江学者”、“中原学者”等，大大提高了人才队伍的整体水平。

二、校地融合，积极打造双师双能型师资队伍

为增强教师实践能力，进一步提高教师研究和服务产业能力，学校高度重视“双师双能型”教师队伍建设。坚持培养与引进相结合、专业进修与技能培训并重；坚持“请进来，送出去”相结合，积极鼓励教师参加专业技能培训、聘请企业技术骨干走进课堂、开展项目合作；制定“双师双能型”教师引进、培养计划，并从制度层面对“双师双能型”教师积极赋能。

---

① 陈建国. 打造校地校企合作“许昌模式”[J]. 中国高等教育，2016(23)：33-35.

（一）外引内培——构筑“双师双能”师资支持体系

学校通过制定完善双师型教师培养及认定细则、激励评估制度，组织各种培训班对教师的实践教学能力进行培训，支持鼓励教师到企业兼职、挂职任职顶岗实习，实施青年教师工程实践和柔性进企业活动，改进教学模式如“工地备课”“专业技能展演”等举措，有力推动了“双师双能型”教师队伍建设。

（二）“双百工程”——开启“双师双能”师资聚集平台

“双百工程”是许昌学院与许昌市委市政府于 2014 年起共同实施的一项人才共建工程，计划 5 年内从许昌市聘请 100 名管理专家和技术专家担任兼职教授，派出 100 名干部教师到企事业单位挂职锻炼，每年各选派 20 人左右。“双百工程”极大助推了“双师双能型”教师队伍建设，搭建了校地校企合作的长效机制。

首先，学校每年定期分批派出教师到企业挂职锻炼半年到一年时间，实实在在参与企业生产管理和产品研发过程。这一措施一方面使校内教师可以深入了解企业需要和行业发展状况，熟悉企业生产技术和工艺信息，并将之融入自己的教学中；另一方面，派出的教师利用自己的专业知识和学术优势，带领本科生团队与企业联合开展技术革新、产品研发、技术攻关等，帮助企业完成质量控制体系完善、技术升级及产品推广等攻关项目，为企业创造了巨大的经济效益，这样校、企、师、生多方共赢的改革措施也使校企合作关系越来越密切。

其次，聘请知名企业高级工程师、管理者作为学校特聘教授，承担创新实践课程的教学任务，并担任学生创新实践活动和研究性学习的指导教师，带领学生在企业中开展应用性研究。他们将企业生产和管理的实践经验和信息带进大学课堂，从本质上拉近了课堂到实际生产的距离，为教学改革增添了新的亮点，取得了良好的教学效果，受到学生的一致好评。一进一出，把地方、企业和高校的资源、人才紧密地结合在了一起，架起了校地合作的“立交桥”，实现了学校、企业、社会和个人的多方共赢。

三、多措并举，加强创新型教师培养力度

创新型人才的培养是应用型本科高校的主要目标和使命。创新型人才的培养离不开创新型教师。那么何为创新型教师？目前学者并没有给予一个明确的界定。我们认为创新型教师除了具备一般教师所具有的敬业奉献精神、良好的心理素质，完善的知识结构等一般要求外，具有强烈的创新意识和鲜明的创新思维能力，既善于与人合作，又具有独立个性，能创造性地开展教学、科研活动，善于培养和激发学生创新能力应该是关键特征。

(一)提高教师的创新意识

为进一步深化教学改革，引领教师们关注教学研究，我校自 2016 年开始定期邀请国内外著名高校专家学者举办“教学论坛”系列活动，并把此项工作列入教学改革与研究提升计划的主要内容之一，有力地推动了教师参与教学研究与改革的决心和热情。除此之外，学校开展了丰富多彩的学术创新讨论会、教学工作坊、创新讲座等活动，加强教师间的交流，充分调动教师投身教学改革、学习教育理论、钻研教学的积极性。为教师创新精神的形成提供支持。

(二)提高教师的创新能力

一是鼓励教师积极参加各级各类教学竞赛，提倡在比赛中学习，在比赛中进步。2016 年开始，学校为契合应用型人才培养，在教学竞赛中增设了实践教学比赛，使实践环节教学引起普遍重视。2017 年学校将该项赛事改革为教学创新大赛，更加契合新时期高等教育发展趋势和社会发展对人才的需求。教学创新大赛使教师对新人才培养理念有了深入理解，教学能力进一步提升。同时，学校采用“以赛选课”的方式，举行了应用型课程设

计竞赛，引导全体教师深入开展行业企业调研，真正掌握本专业人才知识、能力需求，依据“应用型”导向开展教学内容、教学方式、教学手段、教学评价等课程改革。以校内竞赛为依托，教师的教学创新和研究能力得到显著提升。二是加强国际交流与合作，提高教师的学术起点，帮助教师了解最新的国际人才培养观念。通过“走出去”和“请进来”的国际交流与合作使教师较快地进行知识更新，让他们有机会了解国际最新的教学动态，包括新的教学模式、课程设置、评价方法等，从而促进教师高等教育观念和思维模式的变革，这无疑对教师进行创造性教学有很大的帮助。三是创造机会，加强实践锻炼。一方面为教师的创新实践提供各种方便和机会.多层次打造学科科研平台。依托重点实验室、国际联合实验室、工程研究中心、研究基地、工程技术中心等省市级平台，为教师提供学术创新实践环境；另一方面，加强和拓宽教师的产教融合能力，加强校企合作，充分利用校内外资源，主动把教学和科研融合起来，和生产衔接起来，把理论教学与实践教学、设计和生产融入学校教育教学的整个过程，在开展产教融合的活动中提升教师的实践力和创新力，最终达到科研反哺教学的目的。

四、引领互助，构建创新型教师团队

以骨干为主体，组建有创新精神和合作精神的创新型团体，发挥好学术带头人的作用。依托学校教学、科研和管理平台，打造引领学校发展的“领军人才团队”“科研创新团队”和“教学团队”等，明确各团队的工作职责和任务，安排专项经费，引领团队共同努力、互相合作开展学科专业建设和科学研究，以此来调动团队人员的积极性和主动性，提升教师集体之间的凝聚力。近年来，我们以校级创新团队建设为基础，以培育和建设省级创新团队为重点，不断加强科技创新人才的引进和培养工作，取得显著成效。柔性引进 IEEE Fellow 陈锟山教授、长江学者于雷教授、朱广山教授、国家杰青中科院孟庆波教授等知名专家。“河南省低维特色功能材料与应用”“河南省生物标识快检产品研发”“河南省密码学与数据安全理论及应用”等 3 个团队入选河南省创新型科技团队，“食品质量控制与检测技术”“纳米催化材料与应用”“中原农耕文化与乡村发展研究”等 3 个团队入选河南省高校(科技/哲社)创新团队，还有 3 个团队入选许昌市科技创新团队。在科研团队建设的带动下，科技创新人才培养工作也取得了显著成效。特别是在河南省最高级别中原千人计划的中原学者、中原科技创新领军人才和中原青年拔尖人才等三个层次上均取得了突破①。

第六节　OPCE 制度体系建设

教育观念和模式的创新，需要制度的创新作为保障。创新模式使创新观念落地生根，创新制度为创新模式保驾护航。没有制度的创新，模式的创新也举步维艰。因此制度体系在人才培养模式的构建中占据非常重要的地位。构建科学有效的教学制度体系对提高人才培养的质量具有重要意义。纵观国内外一流大学可以发现这些学校都十分重视完善人才培养中的制度革新。我校在 OPCE 人才培养体制建设方面，除了完善相关的基础教学管理制度外，结合 OPCE 人才培养的理念，通过不断探索，逐步建立了以突出学生为主体，旨在通过激发学生在学习和研究中的主动性和能动性，培养学生的主体性，提升学生创造性的应用型创新人才培养制度体系。

一、实行全员本科生导师制，有步骤促进学生创新能力发展

问题解决、项目驱动的研究性学习是学生创新能力培养的重要途径，然而这种学习方式在传统课堂教学中是难以实现的。因此为了给每位学生提供最适合的教育和充分的科研训练机会，我们实施了全员本科生导师制，其主旨在于弥补传统课程教学组织方式的不足，通过导师与学生建立

① 杜根远，马洪伟. 以科研创新助推高水平应用型大学建设[EB/OL]. https://www.xcu.edu.cn/info/1191/21675. htm，2020-11-06.

平等紧密的联系因材施教，从而激发学生的主动性和创造性。

导师制通过师生的双向选择，由导师带领 10 名左右不同年级的学生组成学习小组的形式，从入学开始，根据不同年级学生的学习任务、能力水平进行相应指导和任务安排。如大一、大二的学生主要是引导帮助他们熟悉实验室工作，掌握专业实验技能，促进学生对有价值的专业问题进行研讨，完成导师布置的口头或书面报告，提高对本专业学习研究的热情。大三大四的学生则主要是在导师的指导下参加一些科研活动，结合导师自身的课题项目、学生的学年论文、毕业设计等内容，引导学生分小组开展研究性学习，参与真实或模拟的工程实践活动，解决实际问题。通过研究中理论知识与实践问题的结合，师生间的密切交流与合作，使学生提高知识运用、分析研究、批判反思的能力以及团队合作行为习惯，并最终融合为学生的创新思维能力和综合实践素质。

二、实施创新人才训练计划，多途径提升学生创新能力

为了提升学生的科技创新能力，使科研更好地反哺教学，学校通过科研项目强化不同层次学生的实践能力，以实战的形式训练培养学生的创新意识。

我们依托开放创新实践课程和校企联合创新实践平台，建立了层层递进、逐步提升、四年贯通的“三层次金字塔式”创新训练计划。

第一层次是基本技能和方法训练阶段。这一阶段的教学多以模拟项目形式开展，主要是结合专业基础课程的学习，以完成课程的实验环节要求作为内在驱动，完成相应的实验内容，开展基本实验技能训练，培训实验室操作规程、安全教育以及基础科研方法，获得相应的学分并增加实践动手能力，加深对专业课程的理解。同时安排学生参加短时工业见习，使学生从一开始就在专业学习中达到知行合一。

第二层次是科技创新方法强化训练阶段。这一阶段开始引导学生进入真实项目研究，同时进行大型精密仪器操作训练以及与项目有关的企业调研、产品市场调研等，一直持续到第六学期。这一阶段，全体学生分组进

入实验室，根据教师提出的任务命题进行项目协作训练，最终完成2—3个项目的研究。教师可以从自身科研工作中提出适合学生的项目或正在研究的课程子项目作为任务，挑选感兴趣和有完成能力的学生进行组合共同完成。学生也可以根据教师的提议自行提出研究的内容与构想，自主设计研究路线，安排时间完成项目研究。学生每学期完成一篇研究进展报告，项目结束后要形成一篇科技论文、专业设计或者研究报告。从命题训练、师生协作、自由探索等多个环节发掘学生潜能，培养学生的创新能力和协作品质。

第三层次是创新能力提升阶段。这一阶段主要是组织学有余力的学生进行有针对性的训练，使学生的创新实践能力得到系统性的强化。首先是挑选部分学生直接全程参与教师正式立项的较高级别的科研课题或技术攻关项目，以完成导师的创新任务要求为外在驱动，针对实际课题开展深入研究，完成相关项目创新。其次组建各种学科竞赛小组开展学科竞赛训练。对一些常规赛事，如“挑战杯”“全国建模竞赛”以及学校科技竞赛，改变以往临时选人的做法，以学生在小组科研中的表现为准，组建竞赛学习团队，教师进行常规指导训练，使各类竞赛有组织、有规划、有指导地常态化进行。第三是支持部分优秀学生在最后一学年结合毕业实习和毕业设计，继续跟进整个较为完整的学术研究过程，最终完成高质量的科技论文、毕业设计(论文)或发明专利方案，使学生的实践创新能力得到系统化的培养。

三、建立实验室开放预约制度，全方位打造学生创新发展空间

学校创建具有良好互动性的开放式网络化实验教学环境，提供学生实践与创新的训练场所。同时，将现代信息技术引入实验室管理体系，建成了包括实验室运行、安全准入、大型仪器共享、耗材管理、实验室开放等几大模块的实验室信息化管理系统。按照“面向全体、因材施教、讲求实效、形式多样”的原则，制定实验室开放管理实施办法等相关制度，实验

室开放向较高层次、更全方位阶段发展。从2018年开始，面向学生、教师开展实验室开放课题，鼓励学生开展实验创新研究，查找实验中存在的问题并分析原因，探究实验的优化设计和改进方法，引导学生开展自主、合作、研究性学习，注重学生发现问题、解决问题以及独立实验和科学探究能力的培养，目前已经实施了3个学期，共立项187项，结项168项。初步实现了从毕业论文、学科竞赛到科研开发的多方面、多维度开放。开放实验室为设计性、创新性实验提供了弹性的发展空间，也为学生与指导教师之间提供了更多相互交流的空间。

四、完善科研创新考核激励制度，多举措激发师生创新动力

根据《深化新时期教育评价改革总体方案》指导精神，为了创设良好的科研创新环境，学校在设置考核和奖励机制时，打破常规、传统的评价机制的局限，进一步建立健全师生的科研创新激励机制，分门别类对师生的科研创新活动予以激励引导。

一是完善师生评价考核机制。通过健全完善教师教学评价机制、科研评价机制、绩效奖励分配制度等，将教师指导本科生团队开展创新实践活动的教学工作量纳入绩效计算范畴，提高教学改革成果在职称评审、评先评优、人才项目推荐等方面的比重；赋予教师更灵活的经费支配权和技术路线决策权，激发教师科研创新的积极性，从而形成了教师自觉融入教学改革和创新人才培养的内在驱动力。同时建立以表现行为和应用能力为主的多元开放学生评价体系，加大知识应用类和实践能力类内容的考核比重，通过强化学生实验、实习及实训过程要求，合理制定课程成绩构成办法，对知识与技能、态度与习惯、问题解决能力等方面进行过程评价，以研究型报告、论文、产品、专利等不同成果形式综合评定成绩，彻底打破以一张试卷来评定学生的现象，以此形成学生与教师自觉融入实验室的外在驱动力。

二是设立科研反哺教学专项研究课题，建立科教融合科研资助制度。围绕应用型人才培养这一定位，学校坚持"教学与科研并举、创新与实践

相长”的基本理念，以产学研工作为载体，以培养学生的创新精神和创新能力为核心，积极推进科研反哺教学。设立专项资金资助教师开展“科研反哺教学”的横向课题研究和教改项目研究，将科研成果编入教材、带入课堂、融入项目，形成科研成果转化为教学资源的有效机制和政策导向，从而建立 OPCE 理念下的教学改革良性发展的支持机制。在校级项目和横向课题中引导和鼓励本科生参与其中，目前参与率已达 100%，有力地促进了人才培养质量的提升。

三是加大对创新实践成果奖励。修订《科研成果奖励办法》《教学成果奖励办法》的制度文件，对于在课程教学、教法、学生综合素质培养中勇于改革探索的教师给予相应的激励，不断鼓励教师将创新运用于教学活动中去。对帮助企业开展技术创新为企业创造较大经济效益的、获得大学生学科竞赛高层次奖项的、发表高层次学术论文或获批发明专利的，给予指导教师相应的精神和物质奖励；其次针对参加创新实践活动的学生，除可以计入创新学分之外，有突出表现的还可以享受创新突出类推免，如推荐研究生、评优评先、免修课程等。

五、制定人才培养质量问责机制，多渠道改进创新人才培养保障

国际经验表明，增强问责体系有效性是提升高等教育质量，促进高校推行教学改革，提高人才培养质量和实现高等教育强国的重要保障①。为了对 OPCE 人才培养的过程和结果进行更好的反馈和改进，我们建立了包括教育行政、教育专业、教育市场三大方面的问责机制(如图 4-5)。并对问责对象、内容有不同意见的建立一个申诉委员会处理对问责不满的质疑，较好地化解问责主体与问责对象之间的对立矛盾。

① 朱守信，杨颉. 高等教育质量问责的能力限度：问题与出路[J]. 教育科学，2014(3)：61-65.

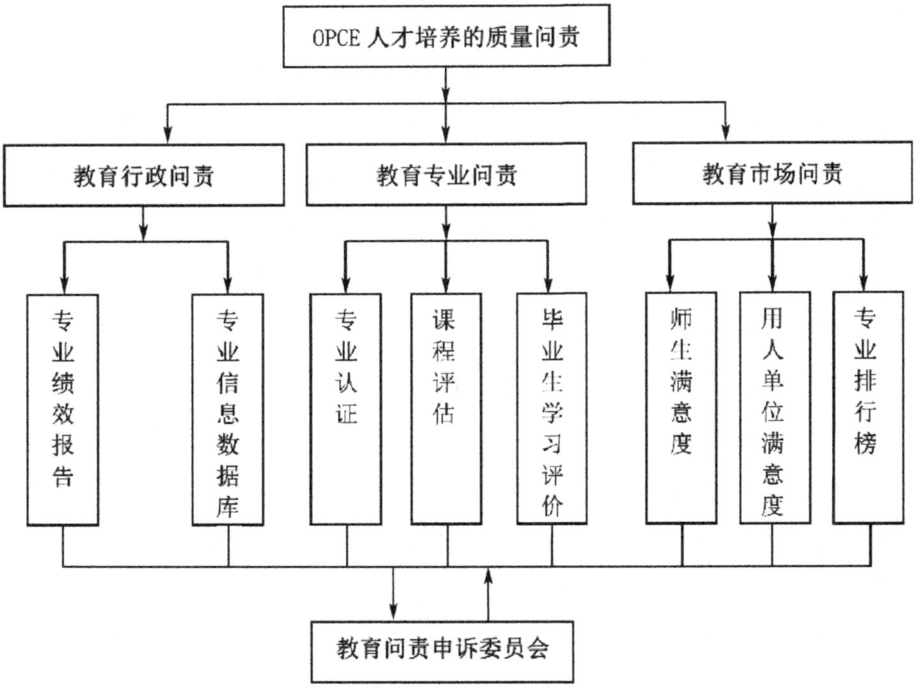

图 4-5 OPCE 人才培养质量问责机制

其中专业行政问责主要是基于学校行政管理部门为主体形成的反馈系统。信息的收集和评估主要来源于教学管理部门以及二级学院，依据各二级管理单位提交的诸如专业绩效报告、专业基本信息数据表等，学校教学质量监控中心、目标管理办公室、教师发展中心等部门对相关结果进行评估，并及时反馈意见。教务处、财务处、人事处等职能部门，是教学质量保障的执行组织，负责落实质量保障和质量改进相关工作。

教育专业问题主要是基于教师和学生为主体形成的反馈系统。如学生对教师课程授课情况的评估、教学效果的评估等，一个是来自于学校的教学信息员系统，一个是来自于学生的评教系统。学校自 2009 年起设立学生信息员制度，通过学生信息员及时了解全校教学工作的动态信息，反映广大学生对教学工作的意见和建议，并及时进行相应的处理，并通过《教学质量简报》建立了畅通的信息发布和反馈系统。教师的反馈也通过两个方面进行，一个是任课教师对学生学习情况的问责反馈，另一个是教师之间教学情况的问责反馈，可以通过学校建设的督导听课、领导干部听课、教师互评等方式实现。根据《许昌学院领导干部听课规定》，学校每学期开展领导干部听课活动。所有校领导每学期听课要在 6 课时以上，其他校内各单位党政领导干部中，主管教学工作的各级领导，每人每学期至少听课 8 学时，其他干部听课 6 学时。根据《许昌学院教学质量考评实施办法》的要求，教师互评中，每位教师必须接受本专业 1/3 教师听课并进行评价。上述所有听课中，学校统一印制听课记录本，公布听课要求，教学质量监控与评估中心对领导听课信息进行汇总与分析总结，负责将有关意见和建议向各教学院系进行反馈。同时，实施以成果导向的专业认证，引导教学质量的改进。学校从 2015 年底开始实施本科专业认证工作，第一批立项培育电气工程及其自动化、化学工程与工艺、土木工程开展工程教育专业认证，并对培育专业给予 40 万元的工作经费。2018 年电气工程及其自动化专业工程教育认证顺利通过，第二批 4 个工科专业认证培育工作业已提交申请。

教育市场问责主要是基于用人单位和社会为主体的反馈系统。对人才培养教学质量问责，最具话语权的不是学校本身而是用人单位和社会声誉。由此，学校建立了开放的问责机制，利用调查问卷、企业座谈、第三方评价、校友评价等方式，给用人单位、社会其他部门提供畅通的反馈渠道，鼓励他们如实反映毕业生情况，提出宝贵建议，以此提高高校的社会声誉。2013 年，学校建立本科教学质量年发布制度，报告涵盖教育部高教司发布的 25 项核心数据，在学校主页上向社会公开发布，接受社会监督。学校招生就业中心每年利用就业招聘大会时间向参与企事业单位开展毕业生就业情况调查，重点对毕业生就业情况、社会对学校毕业生评价、社会及毕业生对学校教学工作的意见建议等方面进行了解。此外，学校购买了麦可思公司有关毕业生就业质量调查分析的服务模块，委托该公司开展有关调查分析。在内部调研和第三方调研基础上，将毕业生就业质量信息以独立报告形式提交至学校年度本科教学质量报告。

总之，通过"OPCE"持续的教学管理、积极的教学激励、深入的教学评估、有效的教学反馈，使应用型创新人才培养机制逐渐完善，有力地提升了人才培养的质量。

第七节 OPCE 课程思政体系构建

思想政治教育是人才培养体系中的关键环节，是培养高素质人才的重要保障，习近平总书记在全国高校思想政治工作会议上特别强调，各高校要坚持把立德树人作为人才培养的中心环节，要把思想政治教育工作贯穿到教育教学的全过程，努力实现全程全方位的育人模式。

在理工科教育中，往往会特别重视专业知识的传授，在思想政治教育方面欠缺较多。特别是目前专职辅导员队伍的数量缺乏、专业知识层次参差不齐，在学生思想和政治教育方面投入不足。因此，高等院校在大学生培养的过程中就需要考虑专业教育与思想政治教育的结合，除了传统的思政课程外，还特别需要关注专业课程教学过程中"课程思政"的育人功能。

一、大学生创新能力培养中实施课程思政的现实困境

课程思政建设是"三全育人"的有益探索、大胆创新和实践要求，因此，教育教学工作要牢牢把握住立德树人这一教育底线和核心，将授课教师、课程体系构建、课程建设、课堂教学和实践教学等环节形成一条完整的培养链，将思政元素融入每一个专业课程的教学环节中。目前在探索课程思政对大学生创新能力培养方面主要有教学模式的改革、课程体系的创新，已经取得了明显的效果，但整体上还存在着一些问题。

（一）教师对思政课程的认识上还存在偏差

传统的理工科教学中，很多授课教师在培养学生的科学精神、工匠精神方面存在认识的偏差和不足，片面地狠抓学生的基本理论知识、实验技

能，认为让学生掌握科学知识，熟练实验操作就行了。很少有教师能够在教学过程中真正地将多元思政完美融入，对思政元素的挖掘不够深入，思政教育在专业课程的教学活动中体现不全面、不系统。

(二)教学内容上缺少必要的抓手

现行的理工科教育中，专业教材更多偏重对知识的罗列和剖析，而能够和专业知识相契合的思政教育内容偏少。教师在备课、授课过程中，对思政元素的体现过于僵化，流于形式。更多偏向于孤立知识点的思政元素的挖掘，碎片化、趋同性的思政元素缺乏系统的体系建构。

(三)育人过程中缺乏引导的意识

专业教师关注的不仅仅是学生对具体知识的掌握，而更应注重学生价值观、人生观的引导和塑造。目前，教师在讲解理论内容时，更多将注意力放在对具体专业知识讲授和学生对具体知识的浅层次理解上。在课堂上由于课时有限，忽略了对学生思维能力等的挖潜和培养，课后更是忽略了对学生在学习、生活、社交、实践活动或就业中所遇到的问题的指导和回应。

(四)教师教学能力上还有差距

课程思政教学的关键主体是教师。因此对教师的要求不仅是对专业课知识全面、娴熟的掌握，更需要心怀天下，具有把个人的理想与国家、社会结合起来的高尚情怀。除了努力学习掌握专业知识外，还需要了解知识背后所蕴含的社会价值，真正成为关注社会发展和国民生活、具有高度社会责任感、有为民造福意识的育人能手，只有这样，才能培养出具有家国情怀的人才。

(五)学生主观能动性还有待提升

本科教育中，大学生目前被动学习的现象居多，主动学习的意识还不强，获取知识的意识不足，自持力较差，自学能力不够、知识储备不足、学术理论体系不健全、逻辑思维和独立解决问题的能力、自我管理的主观能动性和自控能力缺乏。学生在大学课程学习过程中，亟待在专业教学过程中，潜移默化接受隐性融入的思政元素，提高主观能动性，树立起终生学习的意识。

二、大学生创新能力培养与课程思政有机融合的现实路径

新工科背景下大学生创新能力的培养要依据问题导向和结果导向来实现，要在课程设置、理论教学、实践教学平台和师资队伍建设上坚持开放和实践的原则。让学生从教室走进实验室，从课本知识走向具体的原理验证。除了理论课程教学，应该使实验室成为完全开放的创新实践平台，成为学生参与实践活动的练兵场；将校企合作科技创新平台作为创新实践教学的主阵地，积极引导学生参与各级各类的实践活动、学科竞赛项目和纵横向项目，提前了解专业科技前沿和行业动态，接触并尝试解决企业生产中的遇到的复杂问题，做好产品研发和技术创新。创新实践平台教学中同样需要关注这门课程中的思政教育，在前期的课程实践探索中我们发现课程思政融入的还很不够，上述提到的五个问题都有不同层次的显现。因此，如何在开放实践课程中加强课程思政建设，对于师生成长都具有至关重要的作用。特别是摆正学生学习态度，看到差距，积极主动地吸收专业养分，快速成长为又红又专的新时代大学生，为学生迅速适应未来行业科技发展，成为合格的工程师和企业管理者打下良好基础。在这种开放教育模式下，专业课程融入思政元素可通过如下途径：

（一）融合课程教学与人文教育，培养学生的家国情怀

积极探索理工科专业课程教学中思政元素的融入方式和融合点，着力提高专业课程的针对性以及与学生之间的亲和力。教师授课中通过讲解与专业内容相关的故事，充分利用科学家的创新典故，贴合所授课程的学科前沿领域，增强学生对专业的认可度、专业自信心和为科学事业奉献的

精神。

(二)实施全员导师制，培养学生团队意识

导师制极大地增强了师生间的课下联系，促进了专业课教师和高年级学生对低年级学生在学习、生活、就业、科研素养训练等方面的全程指导帮扶。通过学生团队之间的学习经验分享、实验指导、就业指导等，增强了学生精诚团结的合作意识。能够使学生专业知识、科研素质和团队协作、沟通等综合能力得到全方位提升，对实现全员、全过程育人起到了极大的推进作用。

(三)构建多层次开放型教学体系，培养学生的科学精神

构建学科结构相交叉、理论实践互融合的分层次递进式的实践教学体系，通过实验教学中心、教师科研室、企业车间等平台使教学资源得到了极大的共享互惠，不仅实现了硬件场所及仪器设备的共享，也极大地促进了人员互助、信息互通，对学生创新能力培养机制的完善起到了很大作用。通过不同层次的实践教学举措，有力地帮助学生在理论学习中塑造专业自豪感、在实践实操中体验专业的优势以及运用专业知识解决实际问题的快乐。通过深层次思考问题、研究、探索掌握专业知识和综合实践技能，提升了学生自主探索解决问题的能力、自我管理和学习的能力。

(四)创新教学模式，培养学生科学价值观

以学生为中心，在教学模式上积极创新，勇于探索。对传统的线下教学，支持教师采用混合式、翻转式课堂、雨课堂等授课新形式。除了线下授课外，还要积极鼓励开展线上教学，推送网络视频和学习资料，延伸课堂的广度和深度，适时开展线上线下相结合等教学新模式，授课过程中，将学科、理论知识、社会价值以及历史发展等紧密结合起来，在专业课程的讲授中培养学生树立正确的科学价值观。

(五)建设高水平师资队伍，增强教师的示范引领作用，培养学生严谨务实的态度

坚持“请进来”和“走出去”的师资队伍建设思路，贴近地方相关企业需求，选派骨干教师到企业进行挂职锻炼或对企业提供科技服务，对教师的“双师”“双能”提供了很好的培养环境和条件。同时，结合学科、专业特点，聘请企业专家、国内知名学者对师生进行导论授课和实习就业指导，定期开设“名家讲堂”“企业家进课堂”等讲座活动，提升师资队伍的品质，强化并扩充教学资源。通过这些举措，提高了师资队伍素质，增强了优秀教师的引领作用。同时，教师队伍质量的提高，体现在教师“走出去”时的以身作则、科学实验、分工合作精神，这也对培养学生的科学态度起到了关键示范作用。

三、大学生创新能力培养与思政教育有机融合的实践探索

许昌学院是国家产教融合发展工程应用型本科院校，学校以科研实力强、师资队伍素质高的化工与材料学院为试验区，以立德树人为根本，着力于培养学生创新能力，深耕课程改革和创新，探索并实践了“开放实践创新”的教育模式，即 OPCE(Open，Practical and Creative Education)，以科研反哺教学为理念，以理论实践融合为渠道，以学生创新能力提升为目标。开设了极具专业特色的《开放平台实践课程》。此课程在培养方案中属于实践教学模块，在大学二年级和三年级连续开设，以开放的实验项目为抓手开展教学活动，通过向学生开放教师科研室等实验实训平台，引导学生以小组合作的形式独立自主完成教师设定的项目研究，把相关专业理论课程与专业基础实验、工业实习、毕业实习、毕业设计(论文)等实践课程贯穿在一起，融理论学习、技能训练、科学探索、技术革新以及行业实践为一体。《开放平台实践课程》在强调专业知识的高效传授以及实践动手能力的优化培养之外，也特别重视学生创新能力的培养和思想政治教育的融入。在该课程的实施中，结合课程的实践特点，课程组

教师定期召开教学研讨会，深挖该课程中的教育资源，将化工与材料领域的专业名人资源、化学趣味故事等素材进行归纳和整理，充分发挥该课程的思政育人功能，对培养学生的思辨意识、家国情怀、科学精神及诚实守信等优秀品质大有裨益。另外，为了增强学生的专业学习方面的指导，除了辅导员的工作外，我们还实行了全员专业导师制，班级学业导师在引领学生完成课程的同时，也逐渐成为学生的学业导师、生活导师、人生导师。

表4-3列举了该课程模块内容与学生素质能力培养的情感目标设计情况，即知识-能力对应图，着重从培养思辨精神和科学发展观、社会责任感、社会主义核心价值观这几方面来说明课程的育人功能。

表4-3　开放平台实践课程教学大纲情感目标设计表

模块、实践内容	情感目标
师生课题互选	激发专业课教师教学的主动性和学生参与课程的积极性
基础实验、基本理论知识	1. 支持绿色化学理念 2. 加强实验室安全意识 3. 遵守实验室安全守则 4. 从我国材料学科或化学学科发展史中感受科学精神和爱国主义教育
仪器设备使用基本技能与操作实验	1. 尝试协同合作，共同完成实验 2. 认识科学的严谨性、特殊性 3. 实事求是、科学严谨地进行数据记录 4. 良好的生态环境观，形成高度自觉的绿色化学和环保意识(自觉合理处理实验废弃物) 5. 自我学习、自我管理能力，形成良好的行为习惯 6. 通过启发式、探究式、讨论式等方式，有效开展教学，引导学生思考和探究

续表

模块、实践内容	情感目标
实验成果总结、论文写作、材料之星答辩	从综合实验中感受“对立统一”“质量互变”“内因和外因”等辩证唯物关系 1. 从实验中体会“结构决定性质”“性质反映结构”等，进行科学思维、思辨精神等科研素养的培养和训练 2. 学会通过调研、实践等思维来分析研究解决实验问题 3. 能够完成专业知识的学习，学会沟通、表达
课程的过程管理（实验室安全、考勤等）	学生的自我管理能力

（一）多元融合注重学科文化育人

理工科相关课程有浓厚的学科文化特点，对知识学习、知识运用和技术规范、仪器操作等都有系统的要求和严格的规定，也有专门运用专业知识的实践场所。在开放平台实践课程中，我们结合材料与化工类学科专业的特点，因势利导，挖掘一些思想政治教育元素，把思政教学目的巧妙地融入理工科学生课程学习的过程中来。

材料及化工等工科专业的系统知识在人类历史的发展过程中扮演着重要的角色，人类生产生活和社会发展的方方面面也都与化学化工、新材料等有着千丝万缕的紧密联系。这些学科知识的积累、演变和发展对人类社会的进步起到了极大的推动作用。因此在这些专业课程的教学中，课程思政元素极其丰富。例如：开放平台实践课程的“绿色合成”章节，习近平新时代生态文明建设思想在本章节的学习中可以得到很好的串联和印证。绿色化学是化学家通过选择合适实验原料，尽量消除污染、体现原子经济性，是化学实验理念的进一步创新和发展。可以通过发展新技术以避免使用对环境或者人体有害的化学药品。在“绿色合成”授课中重点强调生态文明、环境保护的重要性，引导学生在实验方案的设计与选择、实验路线的改进等过程中树立起绿色化学的基本理念，以达到人与自然和谐共生的目的。在设计实验原料和路线时，应尽量避免使用易挥发的、有毒的反应物或溶剂；尽量选取产率高、副产物少的反应路线等。另外，实验废弃物的合理分类、科学消减等都是课程需要关注的思政点，而健康安全知识、学生的环保意识、安全防范意识和忧患意识也是课程授课过程中必须贯穿始终的思政抓手。

（二）发掘典型专业人物榜样示范教育作用

将理论教学和人生观相结合是课程思政融入的恰当模式，不仅能活跃课堂气氛，还可以拓展学生的知识面。古往今来科学家们前仆后继，用大量的研究成果和坚毅的学术品质积累着学科的深度和广度。授课教师必须对本学科研究者们的成就和事迹有全面的学习和了解，在授课时用他们严谨的科学素养、追求真理的艰辛历程来引导、教育学生。用科学家、学者、大师的科学人生成就激发莘莘学子勇攀学科高峰的昂扬斗志。例如：在介绍纳米材料制备方法时，用钱逸泰、卢柯两位院士的具体研究工作引出溶剂热法和非晶完全晶化法，他们在材料研究领域，特别是在材料制备方面的工作处于国际先进行列。用两位院士“不忘初心”专心学术研究的故事，鼓励学生将个人发展与社会发展、国家发展结合起来，以科技报国实现强国梦为己任，提升学生自主学习的动力。同时，将中国和其他科技强国在纳米科技前沿领域的地位和贡献进行对比，激发学生的学习动力。通过介绍屠呦呦团队在简朴的实验条件下提取青蒿素的探索历程，让学生了解到科学研究需要锲而不舍、团结奋进的精神，激励学生树立远大目标、不断攀登、为人类文明和人民福祉做出更多更大的贡献。

（三）身正为范传递核心价值观

教师既是课堂活动的主体和导引者，其本身也是最具活力和感染力的课堂教育素材。教师坚定的政治立场、渊博的知识、饱满的精神状态、高度的责任心、高雅的谈吐、宽阔的胸怀等都为学生树立了良好的学习榜样；在授课过程中，别出心裁的课堂设计、创意满满的教学艺术、鲜活生动的教学素材、扎实娴熟的教学技能、与时俱进的时代气息、动人感召的语言等，都表现出了人民教师良好的师德风范，也对学生产生了潜移默化的影响。这也是课程思政的一种体现形式。

(四)激发学生内驱自我调节能力

自我管理是个体在对自身全面认识和领悟中实现自律与内省的过程，是学生学习积极性的内动力来源。自我调节能力是学生合理控制自己的学习，掌控和引导认知去实现自己学习目标的巨大助力。

自我管理可以通过训练进行引导，教学过程中，成立了各类兴趣小组(如：仪器操作、数据处理、论文写作等)和管理小组(如：安全卫生、实验记录检查、考勤检查等)，小组组长来自学生的自发竞选，组长负责制定相应的学习管理条例，定期组织相应的工作及活动。例如：仪器操作学习小组，组员经培训合格后，自发地面向全院有兴趣掌握仪器操作的学生，固定时间讲解仪器原理、操作和注意事项。兴趣小组成员为了能讲解熟练透彻，必定会自主查阅相关资料学习领会，参加学习的学生也能够在兴趣推动下积极参与讨论，从“必须学”逐步转变为“我要学”。在课程开设过程中，组长管理自己的同学，发挥学生自己的协调、组织能力，共同参与课程的学习与建设，让学生得到锻炼，更好掌握实践、管理、沟通等各方面的能力和知识。

以项目驱动来进行课程组织，教师在科研工作中的纵横向科研项目是课程极好的支撑。学生带着极强的目的性来学习仪器操作、熟悉数据分析、运用所学专业知识理解项目中涉及实验的原理及工艺，教师在项目开展时注重开发学生对所学知识的融会贯通能力以及培养学生掌握材料开发所需的基本技能。导师为学生设定实验目标，引导学生思考、分析，进而提出一系列和项目相关的问题，这些理论问题得到解决后，再制定出较科学合理的实验路线，从而形成一整套环环相扣、层层递进、相互补充、相互促进、相得益彰的自我调节学习策略。

（五）将科学素质元素有机融入专业课程教学

科学素质包含科学情感、科学态度、科学方法及科学思维等。在《有机化学》的学习中，物质的旋光异构体是化学的一个重要知识点，左右旋异构体因其不同的理化性质而使其药物组分在医学上具有完全不同的疗效，通过实例引入，激发学生对立体化学相关概念的学习兴趣；通过仪器设备测试异构体相关的物理性质，得到真实可靠的实验数据，让学生真正理解结构决定性质。如果异构体误用则会导致不可估量的后果，向学生强调树立严谨治学精神的重要性，向学生传递敬畏生命、崇尚真理的科学精神。

另外，教师要创新教学理念和模式，及时把最新的教育理念运用到教学中。采用师生共同参与的启发式交流法，通过提出科学问题，组织学生进行猜想和假设，通过交流讨论最终提出解决方案，即让学生通过主动探索、发现和体验，培养学生的创新意识和创新能力。例如：在钧瓷产品研发中，首先讲解陶器烧制的发展历程，从原始的“宏观把握”到现在的“微观调控”，讲述科技进步如何把纳米科技与钧瓷烧制技术进行了完美结合。通过“技术钧瓷”的研发和生产，引导学生在掌握基础知识和实验技巧的同时，全力开展对新知识的追寻和探索，并自觉养成勤于思考的习惯，及时抓住灵光闪现的思想火花，达到培养学生创新意识的目标。

在上述“纳米钧瓷”实验结果的分析和讨论阶段，让学生思考如何实现纳米材料形貌的有效调控。重点给学生讲述钧瓷学科的前沿知识，启发学生的科学思维。教师引导学生基于配合物、表面活性剂或有机溶剂对金属离子的化学键合作用，并根据晶体生长理论进行大胆设想，设计自己的实验方案，分析改进实验方案的可行性，逐步将学生引导到本领域最新科技前沿的重大突破的研究历程上，帮助学生认识到科学研究要勇于思考与探索，培养学生的创新意识以及勇于创新、敢于尝试的科学精神。

在OPCE理念指引下，开放平台实践课程实现了全员育人、全程育人、全方位育人和全阵地育人的“四全育人”新格局。

第五章 “OPCE”创新人才培养质量评价机制建设

高校肩负着人才培养、科学研究、社会服务、文化传承与创新的重要任务。其中，培养具有创新精神的高素质、应用型人才是本科高校的基本职能。因此，正确认识创新意识和创新素养的内涵，构建大学生创新素养开放性评价体系，加强人才培养过程的质量控制，将实践能力和创新能力的培养融入教育的全过程，是人才培养永恒的课题。

第一节 “OPCE”创新人才培养质量评价的内涵

一、相关概念界定

(一)创新

“创新”作为一个词语，语义上强调“对现有事物的改造和更新”，表现为认识论和方法论上的变革与更新。有动词与名词两种词性，动词是指“抛开旧的，创造新的”；名词是指“创造性、新意”。“创新”作为一种理论，是由经济学家熊彼特所创立的，是指新技术、新发明在生产中的首次应用。具体包括引进新产品、采用新技术、开辟新市场、控制原材料新的供应来源、实现企业的新组织五个方面。经过一百多年的发展，创新的概念已经从经济学拓展到了各个领域的各个方面。有学者提出了创造性的4P框架，即创造性包括创造性过程(process)、创造性个人(person)、创造性产品(product)、创造性环境(place)。本研究中的创新，包含两个层面，一是指新思想、新事物的发明创造，二是指利用原有知识创造性地以不同的方式解决问题，且战略性地试验和寻找新的方法。因此，创新的层次、目标、结果是多样的，具有丰富性和差异性。

(二)素养

借鉴以往的研究，素养强调的是个性的整体性，主要涵盖知识(knowledge)、技能(skills)、态度(attitude)三个方面。能力在《现代汉语词典》中是指“做事的本领或从事某种活动的技能”，强调能胜任某项任务的主观条件。素养包涵能力，但不能简化为能力。比如，能进行发明创造是有“能力”的，但假如这一发明创造是对社会有害的，便是有“能力”而缺“素养”了。众所周知，我国教育的根本目标是培养“以德为先、能力为重、全面发展”的社会主义建设者和接班人，因此高校不能单纯强调大学生创新能力的提升，而忽视素养的培养。尤其是在知识和能力差别不大的情况下，态度至关重要：端正的态度能够促进知识的积累和技能的提升，助力整体素养水平的提高，最终实现个人成功与社会发展的有机统一；而狭隘的态度则会抑制知识和技能的正面作用，造成负面结果。

(三)大学生创新素养

结合国家对创新人才培养的要求，依据《深化新时代教育评价改革总体方案精神》，我们构建的大学生创新素养的模型包括科学人文知识、发明创造能力以及志趣三个要素，具体如图 5-1 所示：

科学人文知识。主要包括三个部分：一是通识知识、数理知识等；二是专业知识、交叉学科知识等；三是创新知识。

发明创造能力。主要包括学习能力、思维能力和行为能力。学习能力是指自学能力、注意力、观察力、阅读能力、记忆能力、想象力等。创造性思维能力的核心是善谋和善断，即善于提出解决问题的多种方案和善于从多种可能性中做出决定。主要有信息技术及数理能力，包括演绎逻辑和

图 5-1 创新素养的模型

归纳逻辑，指的是把一个复杂的问题重新阐释成一系列简单的数理问题的能力；批判性思维，心理学将其定义为“高级心理过程”，包括了分析问题、辨识问题、形成假设、推理论证、表达观点并为其辩护等，因此是创新能力的根基；发散性思维在一定程度上反映了个体的创造潜力，是创新思维最主要的特点。行为能力除了包含大家所熟知的实践动手能力之外，还有非形式逻辑思维能力，指的是在生活(讨论、辩论、评论等)中分析、解释、评价、批评等口头和书面表达，也就是我们所谓的人文社科核心能力，与数理逻辑思维能力共同构成 3R 能力 (aRithmetic, Reading, wRiting)。整体而言，发明创造能力与科学人文知识主要体现的是传统教育中最为关注的“智育”，但学习过程也离不开“体育、美育、劳动教育”的参与。

志趣。主要包括人格、情商、社会交往。人格具有跨情境的一致性，主要包含坚定的理想信念，崇高的价值追求，理性兼顾的决策能力和冒险精神，坚毅、忠诚、爱岗敬业等品格以及适应性等。情商强调的是对情绪的感知、控制和利用，主要有抗压与自我管理、领导力和团队合作等。社会交往则强调沟通、共享，包括诚实守信、全球视野等高效和谐人际关系的建立等。这个方面主要体现在“德育”，同时贯穿“智育、体育、美育、劳动教育”四个方面。

二、创新人才培养模式与质量评价的研究与实践

(一)人才培养模式的研究现状

关于人才培养模式的研究十分丰富，主要有刘献君等认真审视人才培养模式的内涵、困惑、制约因素，探讨了人才培养模式的改革与创新出路①。何颖等提出了分类教育与能力培养相融合、专业教育与通识教育、专业教育与个性化教育、专业教育与创业教育相融合，构建了“四融合”人才培养模式②。薛勇基于产教深度融合，结合地区产业转型升级和创新驱动发展需求，提出专业与产业深度契合、课程与企业实践深度整合、评价与目标深度结合、制度与探索深度联合，探讨了高校人才培养模式③。顾佩华等基于CDIO思想，以设计为导向，从构思、设计、实现到运行的四个环节，提出了EIP-CDIO创新型工程人才培养模式④。林健基于“卓越工程师教育培养计划”，提出抓住工程教育的本质，创新工程人才培养模式⑤，但对于地方高校在向应用性转型过程中，基于创新、实践的人才培养模式及其评价不足。随着地方高校向应用性转型的发展，如何根据区域发展要求设置专业，将产业与专业融合，通过科研锻炼，将新思想、新观

① 刘献君，吴洪富. 人才培养模式改革的内涵、制约与出路[J]. 中国高等教育，2009(12)：10-13.

② 何颖，蒋鲲，吴华洋，等. “四融合”人才培养模式的构建[J]. 中国高等教育，2016(7)：33-35.

③ 薛勇. 产教深度融合：高校人才培养模式的制度生成[J]. 中国高等教育，2020(10)：58-60.

④ 顾佩华，李昇平，沈民奋，等. 以设计为导向的EIP-CDIO创新型工程人才培养模式[J]. 中国高等教育，2009(Z1)：47-49.

⑤ 林健. 注重卓越工程教育本质 创新工程人才培养模式[J]. 中国高等教育，2011(6)：19-21.

点、新方法传授给学生；通过教师的言传身教促进学生关注学科发展，巩固和应用所学习的专业知识；通过学生有计划地参与科研训练，提高实践能力和水平，培养创新意识，是新时代人才培养的一个重要方面。

(二)人才培养质量评价的研究现状

关于人才培养质量评价的研究比较多。马万民基于高等教育人才培养质量，构建了基于知识、能力、素质的高等教育人才培养质量评价模型①。翁伟斌等更多关注学生的学习结果，从知识技能，能力情感、态度价值观等三个方面进行设计，提出了“多主体参与、倒推法路线、一体化设计”的评价思路②。王寒、王富强等以水务工程专业人才培养质量控制为例，探究将 HACCP 体系运用于人才培养质量控制，提出了进一步研究的问题和应用建议③。王健利用质量功能展开(QFD)的方法，设计了应用型人才培养质量控制模式④。戴小梅综合运用质量功能展开理论和质量管理理论和方法，以“利益相关者需求-质量保障”为思路，围绕利益相关者的需求，构建利益相关者需求-质量保障相关矩阵，建立本科人才培养质量保障功能展开模型⑤。

(三)国外大学生创新素养培养的发展状况

早在 20 世纪初，美国就开始高度重视对创新人才的培养。1955 年，白宫教育会议上将“培养创新性思考能力和评价能力”列为学校教育任务。

---

① 马万民. 高等教育人才培养质量评价模型研究[J]. 中国软科学，2008(8)：153-156.

② 翁伟斌，徐立清. 应用型本科人才培养质量标准的制定[J]. 中国高等教育，2018(17)：16-19.

③ 王寒，王富强. 基于 HACCP 的水务工程专业人才培养质量控制研究[J]. 华北水利水电大学学报(社会科学版)，2019，35(1)：68-74.

④ 王健，陈晓燕. 基于 QFD 模型的应用型人才培养质量控制模式设计[J]. 江苏科技信息，2019，36(20)：64-67.

⑤ 戴小梅. 云南高校本科人才培养质量保障 QFD 模型构建及对策研究[D]. 昆明理工大学，2018.

1963 年又规定“最佳的教育形式是使受教育者富有想象力和创造力”。英国高等教育提出的“批判式思辨”，以培养学生独立的科研能力提升学生的开放性思维和独立思考能力。法国大学生创新素养培养的特点主要是专才培养模式，强化实践和实习环节，注重与企业保持密切的研学与实践关系。日本作为十分重视创新人才培养的国家之一，政府制定了“21 世纪卓越研究基地计划”推动顶尖创新人才培养基地建设。

(四)国内大学生创新素养培养的发展状况

1919 年我国教育家陶行知先生在《第一流教育家》一文中提出要培养具有“创造精神”和“开辟精神”的人才，首次把“创造”引入教育领域。1998 年江泽民同志指出：“创新是一个民族进步的灵魂，是一个国家兴旺发达的不竭动力。创新的关键在人才，人才的成长靠教育。”之后，我国教育界引发了一次对创新能力的内涵、培养影响因素以及方式方法的大讨论，并开始把大学生创新能力培养作为教育改革的重要目标。2010 年以来，我国陆续颁布《国家中长期人才发展纲要(2010—2020 年)》《国家中长期教育改革和发展规划纲要(2010—2020 年)》等文件，多次强调要重视创新人才培养和大学生创新素养的提升。经过在大学生创新能力的培养途径上的不断探索，目前我国已基本形成“国家重视、地方扶持、各方支持、学校实践”的大学生创新能力培养机制。

三、我国创新性人才培养过程中的突出问题

与高等教育发达的西方国家相比，我国大学生创新素养培养还存在着一些亟待解决的问题：

(一)对创造性理解存在偏差

人们对创造性的理解有些还停留在主观经验感受，一是习惯于认为创新是一种灵感，创造过程是神秘且不可了解和评价的。但心理学、认知神经学和脑科学的研究证明，创造可分为七个阶段：发现问题、获得知识、

收集相关信息、酝酿、产生想法、组合想法、外化想法。由此可见，创造并不是不可解释、一蹴而就的，所谓“灵光乍现的顿悟”不过是创造者经年累月所积累的专业知识和技能从量变到质变的飞跃。高创造性个体往往都具备坚韧性、自觉性、果断性、自制性等人格。因此，大学生创新素养的培养要强化坚定的意志和勤奋的努力。第二种误区是往往把创新水平较高的个体称为天才，认为创造性的影响因素主要是生物遗传，后天的培养和训练对创造性的提升效果微乎其微。实际上，有研究表明，创造性并不是一种跨时间、跨情境的高度稳定的特质，而是个体在特定情境下采取的策略。创造性虽然受生物遗传的影响，但更重要的是后天环境的教育和培养。综上所述，在大学生创新素养培养中，要营造“全员参与、面向人人”的育人环境，树立“因材施教、知行合一”的创新教育共识，着力提升包括坚毅品格在内的内在素养。

(二)评价标准过于单一

“评价标准过于单一”要体现在几近用一把尺子量每个学生，造成教育内卷化严重。《中国教育现代化 2035》指出，要分类建设一批世界一流高等学校，引导高等学校科学定位、特色发展。创新人才特别是拔尖创新人才的培养，加大应用型、复合型、技术技能型人才培养比重。因此，根据我国目前高等教育的分类发展趋势，面对不同类型的创新人才培养需求，我们要构建类型特征鲜明的教育评价标准，引导不同类型的高校差异化培养大学生创新素养。评价方式单一，还是以知识记忆的闭卷考试为主，考试分数仍然是评价学生的主要依据，情境测试、论文写作等评价方式较少；终结性理论考试多，过程性评价少，实践操作项目评价少比重小。存在着“重理论、轻实践；重结果，轻过程”的价值取向，较少使用现代教育评价理论与方法进行过程性评价。不利于施展学生的特性特长，激发学生兴趣志向。评价功能单一，目前对大学生创新素养评价更多是为了选拔拔尖创新人才，评价目的重鉴别、评定和淘汰，轻反馈、矫正和调控。评价目的过于功利化，挤压并窄化了教育的功能，影响到全面落实立德树人根本任务和培育德智体美劳全面发展的社会主义建设者和接班人的教育目的。

(三)培养机制缺乏系统性、科学性和可持续性

目前大学生创新素养的培育环境相对封闭，主要是在校内通过参与导师的课题或在导师所在院系、实验室等环境中完成。但是，随着要求破解人才培养供给侧和产业需求供给侧在结构、质量、水平上“两张皮”问题的呼声越来越强烈，高校在“产教融合、科教融合”方面做了很多有益尝试。与此同时，随着校地、校企合作的深入，大学生创新素养的培养也逐渐打开校门，积极吸纳社会、企业等参与其中。但是在具体实施过程中，因缺乏具体的制度设计和政策支持，一方面造成“学校热、企业冷”等问题，比如，参与大学生创新素养培养既需要成本又需要时间，企业对投入产出比不确定，参与的积极性不高，动力不足。另一方面还存在企业有积极性，但学校对接不上的问题。综上，政府、企业事业单位、科研机构等用人单位参与大学生创新素养培养不深入，未形成育人合力，缺乏系统性、科学性和可持续性的创新素养培养机制。

(四)教师参与的积极性、主动性不强

大学生创新素养的培养是一个长期的系统工程，其质量很大程度上取决于教师。部分高校科研条件相对薄弱，科研沉淀不足，科研经费投入不多，教师科研活动不活跃，教师很难潜心围绕学科方向、结合学校优势与特色开展学术研究，无法形成新的科研成果，无法创新出新知识。久而久之，教师逐步丧失学术探索能力和总结与转化能力，变成了单纯的传统知识搬运工。同时，教师在培养大学生创新素养过程中，需要付出大量的时间和精力，但许多学校缺乏科研成果教学化的指导性评价标准，科研与教学的割裂评价，使得科研成果教学化进程中动力相对不足，转化工作基本依赖于教师个体的态度与自觉，造成教师无法真正做到科研与教学并立并重，更不愿意投入时间与精力开展科研成果教学化和提升

教学学术能力，从而难以有效调动学生主动学习及探索新知识的兴趣与积极性。

第二节 “OPCE”创新人才培养质量评价的整体框架

一、“OPCE”创新人才培养质量评价的理论框架

(一)科教融合协同育人

科教融合协同育人理论最早是由德国学者洪堡在创建柏林大学时提出来的，他强调只有教学与科研有机融合于育人全过程，通过研究性学习，才能实现研究的教育性和教学的科学性。大学的教学和科研是统一的、相辅相成的。

第一，科学研究是现代大学人才培养的基本方式。科研活动对培养学生批判思维能力和理性气质具有得天独厚的优势，科研新成果不断丰富教学内容，是知识的一个重要来源。而最终科研活动水平的高低，也能较好地反映学生批判能力和理性气质培养效果。正如 1989 年诺贝尔化学奖得主切赫所言，“研究型大学给学生最有震撼的教育并非来自课堂上课，而是让本科生进入研究实验室。他们在那里获得个人体验。他们接触最新的设备和尚无答案的问题。这些经验是他们毕业 5 到 10 年后也不会忘记的。正是这一点改变了他们的生活”。

第二，大学组织的科研活动为教学服务。现代大学的三大功能(教学、科研、社会服务)在大学组织中的融合并不是平行的结构，而是具有明显的时空结构性与历史继承性。“教学”是大学的本质属性与基础功能，“科研”与“社会服务”是大学现代性的基本体现，是附加在大学教学功能之上的，属于派生功能。因此，大学组织中的科研必须以教学为基础而存在，大学的科学研究具有教学性。在高等教育进入普及化阶段时期，社会对具有实践动手能力的复合型创新性人才的需求越来越大，培养学生具备必要

的科学人文知识、发明创造能力以及以人格、情商和社会交往为主要内容的志趣已成为高校人才培养的重要目标。而传统的知识传授型教学已很难担此重任。

第三，科教融合有利于学生创新能力的培养。“为什么我们没有一所学校能够培养创新人才?”面对“钱学森之问”，需要我们反思传统教学模式对创新人才培养的影响。以知识传授为主导的传统教学模式过于强调学生共性的塑造，忽视了学生个性的培养；过于注重教学结果，忽视了学习的过程；过于注重智力因素的养成，而忽略了态度、情感、道德等非智力因素的浸润；教学内容倾向于专业化、理论化和抽象化，缺少应用性、实践性和个体化。美国学者布鲁姆的“学习分层理论”认为，学生在认知领域的学习分为 6 个层次：knowledge（知识）、comprehension（领会）、application（运用）、analysis（分析）、synthesis（综合）、evaluation（评价）。其中，知识和领会这两个层面属于浅层学习，只能产生低阶思维；运用、分析、综合、评价等四个层面属于深层学习，能产生批判思维和创新能力等高阶思维。传统的课堂教学使学生处于浅层学习，而科教融合通过研究性教学开展和引导学生参与真实环境中的科研训练，将人才培养深入运用、分析、综合、评价等深层学习层面，有利于学生批判能力和创新能力等高阶思维的提升。

（二）以学生为中心的开放性评价理念

以“学生为中心”的教育理念已成为教育改革势不可挡的趋势，当前高等教育高质量发展要求高校在教育教学中坚持“以学生为中心”的教育理念。赵炬明教授(2017)强调，“以学生为中心”的教育教学模式必须坚持“新三中心”，包括：着眼学生的发展，重点是如何适应学生的心理发展水平；关注学生学习，即教育的归属是“学生的学习”而不是“教师的教学”；注重学习效果，依据教学效果设计教学方案和进行教学评估。在这个理论支撑下，探讨多元化评价体系，提高面向学习过程的评价能力，对促进学生全面发展是十分必要的。据此，我们在实施“OPCE”创新人才培养过程中，突出学生个体的差异性，尊重学生学习水平和差异，注重学生个性化发展需求，平衡全面发展与学有特长之间的关系，既致力于将学生培养成为一个德智体美劳全面发展的人，又引导学生找到自己喜欢并擅长的领域。我们在课程设置上针对不同类型的学生设计了不同类型的创新实验课程，搭建不同类型的实践平台供学生选择，让不同能力、不同兴趣、不同愿望、不同目标的学生都找到契合自身发展需要的教育机会与教育资源。突出学生个性化发展，发挥教师作为评价主体的作用，转变教师作为知识传播者的“教”为学生学习者的“学”，变学生为学习的主动接受者，使教师成为学习的促进者、课堂的引导者、学生的合作者。

过程性评价是一种在教学过程中对学生学习进行评价的一种方式，是相对于“结果”而言的，更加强调对学生学习过程的评价而非单一的结果性评价。人才培养质量控制强调过程性评价，主要目的在于引导教师在教学过程中注重学生的知识能力水平和经验的发展变化，充分肯定学生学习过程本身的价值。科学有效的过程性评价强调评价主体、评价内容和评价方法的多元化。一是将评价主体从单一的教师主体延伸为教师、学生、学习同伴、家长、管理者和社会需求等；二是关注学生的能力、情感和态度，既关注学生学习的结果，更关注学生在评价过程中获取知识的变化和发展；三是按照评价的目的、性质和对象，针对不同的需要，灵活地采用多样化的评价方法，充分发挥过程性评价的客观性、科学性和整体性，坚持定量和定性方法相结合，降低实施单一评价方式带来的片面性和局限性。

（三）质量功能展开

随着产业的精细化、专业化发展，用人单位对人才的需求出现定制化、个性化，用人单位“需要的人才”和高校“培养的人才”之间，并非直接对等的输入输出关系。由于应用型人才培养与质量功能展开的理念（Quality Function Deployment，简称 QFD 法）同属顾客驱动的产品（人才）开发模式，QFD 法逐渐被重视起来。因此，我们以需求为导向，运用质量屋（Houses of Quality)将人才需求逐层转化为设计要求，从“需求与知识”“需求与技能”“需求与能力”等方面对人才质量的各项指标进行量化分析，进行应用型人才培养的质量控制，通过质量屋的要求设计反映企业对毕业生知识、能力、技能的需求程度，从而达到校正其培养目标与方向的目的。

二、“OPCE”创新人才培养质量评价的行动框架

(一)“需求与知识”的质量控制

应用型人才培养应紧紧围绕生产一线的实际需要展开，在课程设置、教材建设、教学内容方面，特别强调成熟、适用、实用的知识。人才培养的需求就是培养高素质具有创新精神的应用型人才，知识要求就是要构建基于“开放、实践、创新”的课程体系。

1. “开放·实践·创新”的课程体系

“开放·实践·创新”的课程体系包含开放课程体系、实践教学体系和创新课程体系。开放课程是从基础课程出发，制定教学目标、教学内容和教学过程。开放的课程既有一定的目标与要求，又不唯目标与要求，体现机动性与灵活性。使教学过程与学生的学习过程紧贴学习需求，让学生自由学习。实践课程指立足地方、企业行业，合理设置专业导论、专业基础和契合地方产业的课程。根据专业不同，合理设置学科发展的创新性实践课程，教学形式以科技创新活动为主，培养大学生的科学素养和创新能力。通过完善的课程体系、扎实的实践教学、严谨的创新探索，推动大学生创新实践。

2. “OPCE”人才培养的学程安排

随着教学的进程，学程可以分为大一、大二和大三(上)、大三(下)和大四(上)三个学习时段。根据企业岗位需求，进行模块划分。大一时期的目标是基础与认知，内容是基础理论与岗位认知课程，能力培养是掌握基本技能与方法；大二和大三(上)学期的目标是科学素养训练，内容是工程实践与产业流程相关课程，能力培养是岗位实践能力；大三(下)和大四

(上)学期的目标是创新能力锻炼，内容是创新活动、实践应用课程，能力培养是创新应用能力。

地方高校应基于应用型人才培养，构建“开放·实践·创新”人才培养体系。以理论知识、实践体验、创新应用教育为路径，通过理论知识体系对应理论课堂；实践体验体系对应企业岗位；创新应用体系对应实验平台。围绕传授知识、科学实践、培养学生的实践与创新能力，最终达到服务社会的目的。

(二)“需求与能力”的质量控制

“需求与能力”体系的设计，以一线生产的实际需要为核心目标，重视对基本知识和技能的熟练掌握和灵活应用。强调与一线生产实践的紧密结合，尤其重视实验教学、生产实习等实践性、技能型教学。基于“需求与能力”的要求，“OPCE”人才培养通过“三模块”实践教学，构建了“三阶段”递进的路径。

1. 构建“三模块”实践体系，培养应用能力

以培养学生基本技能、专业技能和综合技能为出发点，根据不同专业、不同学科的特点，围绕应用型实践，开展教学活动，建立由基本技能、专业技能、应用与创新技能构成的“三模块”实践教学体系。基本技能训练包括实验教学技能、计算机实践应用技能；专业技能包括专业实习和课程设计等技能；应用与创新技能包括科研训练、社会实践和劳动训练技能①。

应用型人才能力体系的设计，强调以一线生产的实际需要为核心目标，尤其重视对基本知识和技能的熟练掌握和灵活应用。培养过程强调与一线生产实践紧密结合，尤其重视实验教学、生产实习等实践性、技能型教学。通过“三模块”实践教学体系的构建，激发学生科学探究的兴趣，培

① 吴国玺，李中轩. 新型高校“四维一体”实践教学体系的构建[J]. 大学教育，2017(8)：153-154.

养学生动手实践的能力，提高劳动锻炼能力和岗位适应能力。

2. 实施“三阶段”递进路径，培养创新能力

创新能力培养主要是在已具备科研实验的条件下，学生根据已经取得的知识，在教师的指导下，探求所从事领域内研究对象的客观规律，并在此基础上，培养学生获得新的知识。通过多年的教学实践探索，通过专业知识的传授、实践技能的培养和创新能力的提升，构建了“三阶段”递进的人才培养体系。

“三阶段”递进式人才培养，是立足开放的实验平台，构建“专业知识的掌握—实践能力的锻炼—创新能力的提升”实现递进式能力培养。通过实践能力的锻炼，让学生养成积极思考、从事科学研究的习惯，将教学实践、科学实验中获得的技术带出实验室，并不断转化为新产品，实现技术的推广应用。通过“专业知识—实践能力—自主创新”三个方面的能力递进，共同构成大学生创新能力培养的内涵。将教师的教学过程融入科研过程，实现科研成果转化为学生的创新能力。

(三)“需求与技能”质量控制

1. 专业群与产业需求对接

基于“OPCE”人才培养模式，在教学实践过程中，根据各个专业的人才培养定位，主动对接区域发展战略和产业发展布局，促进教育链、人才链与产业链、创新链的三链融合，科学论证、合理调整优化学科专业结构。为加强高素质应用型人才培养，学校主动融入地方，借势发力，加快创新性、应用型人才培养。重点打造电力装备与信息工程、新材料与能源、食品医药与健康 3 个专业集群，持续跟进建设基础教育、建筑与人居环境、商务服务与管理 3 个专业集群。有效实现了专业群与地方产业需求的对接。

2. 课程群与职业岗位对接

学校依托行业发展背景，以专业链对接产业链，根据专业群构建对接职业岗位的课程群。首先，在对产业调研的基础上，通过专业建设指导委

员会，组织学校教师和企业人员共同制定专业人才培养方案。然后，通过行业、企业及教育专家审核人才培养方案、课程标准、相关教材等各项内容，经学校审核后，再报送行业、企业界和教育界专家审核把控，达到课程岗位与生产过程对接。突出工程人才培养特色，创新应用型人才培养体系，主动服务地方“中原城市群”“智造之都、宜居之城”发展，主动对接地方“一极两区四基地”发展格局，培养服务经济转型升级的“工匠人才”。

3. “课堂”与生产过程对接

坚持“课堂”与生产过程对接，定期进行教学检查。由学校、企业导师和专任教师组成教学督导组，通过课堂听课、实地考察、检查资料、教师座谈、学生座谈、抽样问卷调查等方式，每学期对课堂教学开展检查。重点检查校企合作中，企业“课堂”的教学准备、教学过程、成绩考核等各环节和教师执行教学计划、课程标准的情况。教学过程是否与生产过程相对接，是否采用“教、学、做”一体化的教学，教学效果如何。

4. 构建“三全育人”的“三课堂”

以人才动态培养、学业辅导、综合素质提升、学生自主管理为内容，整合“思政、专业、通识、课外”教育资源，构建“三全育人”体系，形成“三课堂”教学的大思政格局。“三课堂”是指思政教育课堂、专业教育课堂和文化教育课堂。思政教育课堂就是通过建立“书院制”，以党校、团校为阵地，通过优化课程设计和改革教学方式方法将课程思政融入课堂教学。专业教育课堂就是积极发挥课堂教学的主阵地作用，通过修订人才培养方案，以完善学分制为突破口，以培养学生应用能力、创新精神、实践能力和综合素质为核心，以加强基础、拓宽口径、注重实践为重点，积极探索学分制背景下教学管理运行机制，从以教为中心转向以学为中心，扩大学生学习的自主性，培养学生自学能力。文化教育课堂就是通过统筹推进学校制度文化、校园环境标识系统、校园文明规范教育，营造育人氛围。如制定《校园文明行为促进条例》，做好学校科技文化节、社团文化节、社工文化节等活动，开展道德模范宣传教育，推进“六文明”(入校文明、班级文明、课间文明、寝室文明、就餐文明、离校文明)校园活动，将中华优秀传统文化有效融入课堂教育，培育特色大学精神。通过“三课堂”教学，把“立德树人”作为教育的根本任务，贯穿于教学的全过程，培养高素质应用型人才。

第三节 OPCE 质量评价体系的构建

一、“OPCE”质量控制体系建设

教育输入质量包含市场需求、生源质量、资源投入等三个方面。教育过程质量保障包含教学设计、教学活动、教学管理和教学条件等四个方面。人才输出质量保障包含毕业条件和社会反馈等方面。教育问责包含专业认证、课程评估、学生评价等。其中教育过程质量保障和教育问责尤为重要。

（一）教育过程质量保障机制

面对应用型人才培养的新形势，必须进一步完善与高等教育相适应的教育过程质量保障和监督体系。教育过程的质量保障要通过教学设计、教学活动、教学管理和教学条件保障等四个方面来实施，见图 5-2 所示。

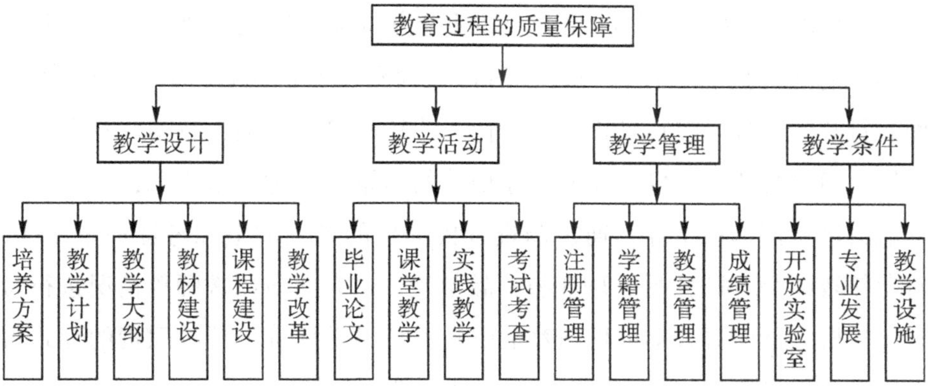

图 5-2 教育过程质量控制体系

教育过程质量控制，首先要从教学准备出发，做好教学设计。应用型人才培养的教学设计是在分析教学需求与问题的基础上，确定解决教学问题的步骤和方案，通过教学评价和反馈来检验方案实施的效果。教学设计的质量控制包括培养方案的制定、教学计划的修订、教学大纲的撰写、教材的选取及使用、课程的进度以及教学过程的安排。通过督导检查教师是否根据教学对象及教学目的和要求，将参与教学活动的诸要素进行分析和策划，有序地安排教学进程，形成教学方案并修订完善方案，是否将教学诸要素有序、优化地安排，形成教学方案。

其次，合理安排教学活动。以培养学生的动手能力和创新思维训练为主，合理安排课堂教学、实践教学、毕业设计等。通过听课、实地考察、教学资料检查、师生座谈、问卷调查等方式，重点检查教学准备、教学过程、课程考核等各环节，检查教师执行教学计划、课程标准的情况和是否采用多种形式的手段考核。

再次，教育过程的管理与实施。“OPCE”人才培养要求在教育过程中，采用开放的实验室或者模拟的实训条件，教学方式要求具有启发性、采用实习、实训、实验或案例式教学。教学条件包括微格实验室、专业发展学校、教学基础设施等。

（二）建立教学中的问责机制

在“OPCE”人才培养过程中，必须全方位地实施教学质量监督，建立教学中的问责机制。教育问责包括行政问责、专业问责和市场问责等方面。行政问责教学院长是否严格执行人才培养培养方案、教学计划和教学大纲，通过行政问责机制保障人才培养的质量。通过课堂听课，对教师教学能力进行评价和指导，通过调查分析学生的考试成绩和考证通过率等，对专任教师“双师”素质、职业教育教学能力、企业兼职教师等情况进行考察、分析，从而对教学过程和教学质量进行科学评价。行政问责的形式可以通过建立专业信息数据库、撰写专业绩效报告等完成。

专业问责通过系主任严把专业质量关，严格把握专业基础课程、核心课程、实践课程及创新课程的质量。教育专业问责的形式可以通过专业认证、课程评估、毕业生学习评价等方面来体现。

市场问责可以采用问卷调查的方法，通过调取师生满意度、用人单位满意度、专业排行榜等资料，进行统计分析了解专业链与产业链对接的契合度。采用市场问责机制，对问责对象、内容有不同意见的建立一个申诉委员会处理对问责不满的质疑，较好地化解问责主体与问责对象之间的对立矛盾，确保专业与产业对接，课程与岗位对接，不断提高人才培养的质量。

二、“OPCE”人才培养评价与考核

具有应用能力的创新人才，是具有创新意识、创新思维、创新技能，并能够付诸创新实践的人才。“OPCE”人才培养就是针对不同学习水平的学生，制定灵活开放的综合性、多元化评价机制。通过知识与技能、态度与习惯、问题解决能力等方面进行过程评价；通过指导学生研究性学习，让学生撰写研究报告、论文，积极研制新产品、撰写专利等形式，根据结果评定成绩，把能力水平评价和知识水平评价有机结合。通过OPCE人才培养的教学评价实践，彻底打破一张试卷评定成绩的现象。

（一）“OPCE”人才培养评价的开放性原则

大学生创新素养的培养需建立在对大学生创新素养多元、综合、科学的评价基础之上，但目前教育评价过于“单一”与教育评价对象及其环境条件的“多元”之间的矛盾，已成为影响大学生创新素养培养的主要障碍。因此，为实现《深化新时代教育评价改革总体方案》中强调的“面向人人、因材施教、知行合一”教育理念，提升大学生创新素养，我们在科学制定质量评价机制过程中，必须坚持开放的视角：

1. 发展的视角

创新素养是在学生个体动态的成长教育过程中，通过学生自主探究、自我体验逐渐形成并不断发展的，具有终身的连续性。从婴儿期对新鲜事

物和刺激的关注以及自主性行为，到幼儿期语言文字的识别、运用，再到小学时期运用丰富想象力进行看图说话，中学时期参与动手实验与科技制作活动，大学时期的科研训练、观点形成及发表等，创新素养在学生身上逐级提升。正因如此，在大学不同时期创新素养评价要关注到发展方面的差异，尊重学生身心发展规律，强化过程性评价，突出评价的教育功能，构建包含不同评价内容和方法的评价体系。

2. 跨学科的视角

创新素养的培养是跨学科、跨领域的，各个学科都有培养创新素养的义务和功能，只是优势和特色不同。英语等学科通过听说读写等言语能力的训练，能够促进学生发散思维的流畅性、变通性和独特性；数学学科通过思考、推理解决问题的训练，能够提升学生发现问题的能力、聚合思维和信息处理能力；科学类学科则可以通过动手做实验，促进学生的批判性思维、发散性思维，提出假设与检验假设的能力。需要强调的是，创新素养的培育不能仅仅停留在具体的学科领域中，而是应该建立在学科基础之上，即要求学生在熟练把握学科的概念和精髓后，具备“统整”学科知识的能力。因此，既要在教学过程中强调知识结构的整体性，又要在评价过程中充分考虑各学科知识结构的关联性与整体性等，构建科学的跨学科的评价体系。

3. 真实情境的实践创新视角

创新素养的培育，应着力提升解决现实问题的能力，这既是对传统教学模式“去情境化”的改革，也是培养创新素养的关键所在。实践是创新的基础，创新是实践的提升，没有创新素养的实践素养将只能停留在简单、机械的重复劳动所具有的知识、技能和态度上；离开了实践素养的创新素养必将是空中楼阁，无法实施。原因在于，在真实情境下学习者的亲身实践对知识的真正掌握和后续的学习迁移至关重要。依据“为迁移而教”的观点，大学生创新素养的培养必须将学生置于真正的情境中，基于现实世界的真实任务进行学习，让他们把知识与真实的、现实的情境连接起来，有效提升解决现实问题的能力。构建评价体系时，强调学生在真实情境中的参与度，比如参与科研项目与学科竞赛的情况，以及相关成果，包括发表论文、专利申请、学科类及双创竞赛获奖等。

4. 人与社会协同作用下的视角

纵观国内外大学生创新素养培养过程，可以发现各国际组织、各个国家、地区所提出或强调的创新素养的内涵虽有差异，但都认同大学生创新素养的培养是一个相互融合，持续发展的过程。在终身学习理念下，大学生在掌握了一定的知识和技能基础上，可以通过任何学习阶段有效提升创新素养。而且，创新素养的发展往往不仅仅是学习者个体努力的结果，还需要良好的社会和生态环境。比如，家庭、同伴、工作、政治生活、文化活动等都可以发展大学生创新素养。基于上述分析，我们认为当前大学生创新素养培养需要将现有的国家政策、地方政府扶持、社会和企业事业单位的支持与高校实际有机结合，形成协同创新合力。因此，在大学生创新素养评价体系中要体现产教融合、科教融合协同创新下的校企、校地人才培养平台对大学生创新素养的参与度与贡献度。

(二)大学生创新素养开放性评价体系的构建

本研究采用德尔菲法将依据大学生创新素养的内涵，参考《教育与发展——创新人才的心理学整合研究》《哈佛能力培养手册》《北大能力培养完全手册》《清华能力培养完全手册》等相关文献，构建了大学生创新素养框架和指标体系，以匿名的形式分别向 7 位专家、3 名专任教师、9 位大学生征询意见，经过多轮征询和反馈，最后确定了涵盖 3 个维度、14 个综合指标的大学生创新素养评价调查问卷内容(见表 5-1)。

问卷题目均采用五级评分法，其中“1”表示很差；“2”表示比较差；“3”表示一般；“4”表示比较好；“5”表示非常好。问卷测试采用问卷星形式发放，问卷有效率达 100%。研究采用 SPSS19.0、LISREL8.70 和 MATLAB7.0 软件对数据进行分析与处理。

表 5-1 大学生创新素养评价指标与说明

一级指标	二级指标
科学人文知识	通识知识
	专业知识
	跨学科知识
	创新知识
发明创造能力	知识获取和迁移能力
	信息处理能力
	批判思维、发散思维、数理逻辑思维
	非形式逻辑思维能力
	创新实践能力 （主持或参与课题研究情况、科研成果、相关奖励获取情况）
志 趣	理想信念、价值追求
	坚毅、忠诚、爱岗敬业、诚实守信等品格
	沟通交往能力
	抗压与自我管理

本研究依照层次分析法邀请研究样本所属领域的 7 位专家组成专家组，由专家组召开视频会议，在充分讨论基础上统一意见，在编制的专家打分表中给各层指标相对重要程度的打分，在此基础上分层构建出判断矩阵，进而计算出各层指标的权重。本研究构建 2 个层次共计 4 个判断矩阵，其中一级指标层 3 个，二级指标层 13 个，使用 lingo 10. 0 软件对 4 个判断矩阵分别进行运算。基于上述分析，结合大学生创新素养的内涵，我们形成了大学生创新能力评价指标与权重，结果见表 5-2。由表 5-2 可知，批判思维、发散思维和数理逻辑思维能力权重最大，占 26%，其次是创新实践能力占 17%，理想信念和价值追求占 15%，知识的获取和迁移能力占 10%（详见表 5-2）。

表 5-2 大学生创新素养评价指标与权重

一级指标	二级指标	权重
科学人文知识	通识知识	0.01236
	专业知识	0.060667
	跨学科知识	0.025441
	创新知识	0.004532
发明创造能力	知识获取和迁移能力	0.10043
	信息获取能力	0.04961
	批判思维、发散思维和数理逻辑思维能力	0.26378
	非形式逻辑思维能力	0.018755
	创新实践能力(主持或参与课题研究情况、科研成果、相关奖励获取情况)	0.172425
志趣	理想信念和价值追求	0.148044
	坚毅、忠诚、爱岗敬业、诚实守信等人格	0.086432
	沟通交往能力	0.042048
	抗压与自我管理	0.015476

(三)创新开放平台实践课程能力导向的教学评价体系构建

创新实践类课程是培养学生创新能力的一种重要课程改革形式，基于学生创新能力提升的结果导向，我们在创建创新开放平台实践课程教学评价体系时，更注重过程评价，强调评价主体的多元性、评价方式的灵活性、评价内容的延展性和评价结果的发展性。

科教融合是创新人才培养模式的新路径，更是深化教育体系改革的重要方向。当前，在地方高校向应用型高校转型的新形势下，以培养学生实践能力和创新能力为目标的一种新型课程形式——创新实践类课程受到了广泛关注。这类课程依托科研项目和大学生创新创业训练计划项目，通过建立健全科研成果转化为教学资源的有效机制，鼓励老师将科研成果编入教材、带入课堂、融入项目，使最新前沿成果和知识惠及学生，引导学生激发对科学研究的兴趣爱好，积极主动地开展研究性学习，促进学生创新性思维和能力的提升，从而实现学生全面发展。

创新实践类课程，将理论教学内容与学生的动手实践有机融合，使学生边做边学边思，在实践中学习领会理论，在实践中提升专业思维和创新思维水平。在课程组织形式上，不受课时局限，而是以项目研究时长或技能熟练程度为依据，可以延续一到两年，也可以只有几周；在内容组织上，打破“从理论到实践”的固有认知模式，将理论学习、实践训练、开发研究的过程有机融为一体，同步进行；在教学信息交流方式上，彻底改变传统课堂教师向学生单向传输的模式，而是借助实验室、技术研发中心等实践教学平台和网络教学，大胆尝试加强多向互动的“一课多师”“师徒制教学”等多元化沟通模式。

这种课程组织架构要求与之相对应的教学评价方式的彻底改变。由于学生在课程学习过程中收获更多的是专业认知(如对专业创新的认识和体验、专业操作技能技巧的熟练和发展等)和能力的提升，而不是单纯的知识记忆和理解，因此，传统的考核方式不仅不能反映学生真正的学业成果，反而会严重伤害学生课程学习的积极性。为此，我们在长期的教学实践中逐步探索出了以能力为导向的多元全程式教学评价体系。

1. 能力导向评价体系的理论架构

现代教育理论认为，教学评价是教学过程本身的必要环节，在教学过程中起着激励和导向的重要作用，科学的教学评价体系应该是以激发学生的学习动力、助力其能力发展、促进教学信息反馈与教学方法改进为基本功能，应该是一个在评价主体、评价内容、评价方式等构成要件上均为多元的、动态的、开放的操作体系，而不是仅以静态知识掌握为主要考查对象的僵化的系统。评价内容的延展性见图 5-3。

教学评价体系是人才培养目标指向性的重要杠杆，其机制运行必须与人才培养目标、课程目标保持高度一致。具备完善的专业知识和技能、专业知识的综合运用能力、有效参与正在出现的工作形式及工作组织的迁移

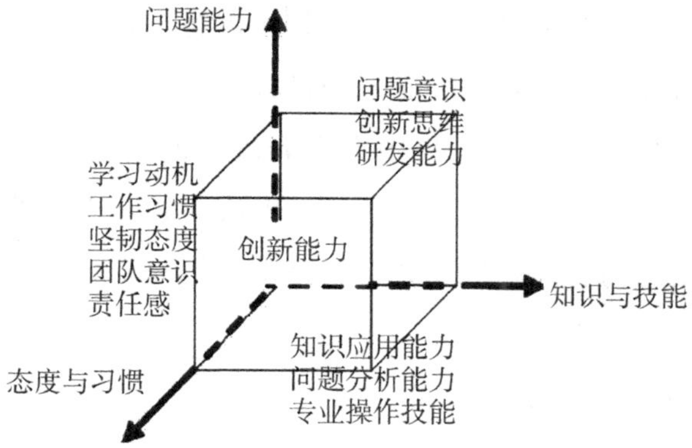

图 5-3　创新能力导向多元开放教学评价内容三维空间坐标图

能力、能够面对未来专业复杂问题的求异思维能力和问题解决能力，以及职业责任感和团队精神，是应用型本科人才培养规格的共性要求，最终综合体现为学生的创新能力，这也是创新实践课程目标的终极追求。因此，与之相呼应的教学评价应该是能力导向的综合评价体系，不能再像传统的教学评价那样单维度考查学生的知识记忆与理解，而必须考虑那些对于学生综合创新能力的培养而言更为关键的素质——动机、热情、专业工作习惯、坚韧、责任感、协作精神、问题意识、问题分析解决能力、创新思维方法和能力等。因此，创新实践课程的教学评价内容应该是多维度的，从单纯的知识向度延展到知识与技能、态度与习惯、问题能力三维空间，只有这样，才能全面构建起应用型人才“创新能力”的多元立体空间，缺失其中任何一个维度，创新能力的培养都无从谈起。“知识与技能”维度的评价主要考查应用性知识与专业仪器设备器械的基本操作和维护技能等，即程序性知识和实践隐性知识，要注重学生的知识运用能力和问题分析能力，这是创新能力养成的基础素养，可以通过纸质测验、面试、实际操作观察等方式进行评价。“态度与习惯”维度的评价内容包括学生在教学过程中表现出的学习动机、实验室和实践场所工作习惯(专业工作和思维习惯)、问题解决过程中的坚韧态度、团队合作意识和责任感等，这是创新能力养成的催化剂，体现在学生的出勤、实验记录、在实践团队中表现出的相容度和领导能力等方面。“问题能力”维度的评价内容主要包括问题意识、专业思维和创新思维能力、问题解决能力(研发能力)等，这是创新能力养成的支撑框架，主要体现在教学过程中学生表现出的文献查阅与分析整理能力、实际操作过程中发现问题的观察力、解决问题时思维的发散度、敏锐度、逻辑性和决断力、问题解决方案的合理性等几个方面，以及最终提交的研究报告和训练成果中。

(1)评价主体的多元性

教学信息的多向交流所产生的教学效用要远远高于师生之间单向信息交流。创新实践课程往往会邀请企业的优秀专家、技术人员共同参与教学过程，采用一课多师、学生小组互助的形式开展教学，因此，其信息交流渠道是多元化的师师、师生、生生互动；同时，教学评价的主题内容也延伸向学生在教学过程中的专业素质表现。这就意味着教师不再是教学评价的唯一主体，企业教学人员、实验管理人员、学生自己和同组成员都被吸纳到教学评价体系中，成为评价主体。企业人员有着丰富的项目开发、技术革新经验，他们的评价更有利于提升学生解决实际问题的能力；学生的自评可以增强学生对学习过程的自我监控，对学习效果的自我评价，以及对学习策略的自我调节；学生之间的互评可以促使学生之间通过交流协作，相互了解所从事的课题，了解不同的研究内容，从他人的方法、思路中获得更多启发自己思维的信息，有助于创新素养的积累，也是形成团队协作精神的途径。

(2)评价方式的灵活性

相对于传统课程以纸笔测验为主的终结性评价方式，创新实践课程更注重对学生能力、素养发展过程的形成性评价，评价方式也是灵活多元的。创新实践课程的教学评价体系应是形成性评价与终结性评价相结合、质性评价与量化评价相结合、教师评价与学生自评、同伴互评相结合的综合性全程性评价，评价贯穿于课程学习的全过程和每一个环节。

为每一位学生建立一个评价档案袋，档案袋中包括以下内容：

①任课教师、实验管理人员和企业人员对学生在教学过程中表现出的学习态度、专业认知、工作习惯等所做的评价，一般为质性评价。教师可通过观察学生的现场表现，或通过与学生交流交谈的方式，了解其专业知识水平、学习策略、思维的敏感度、知识应用能力、解决问题的思路等，做出客观评价并定期记录。

②学生在每一次项目任务结束后所做的自我评价记录。

③学生合作伙伴在每一次项目任务结束后所做的互评记录。

④学生在完成阶段性任务后做的阶段性报告以及教师的批阅评价记录。对于学时较长的课程(如开设时间在两个学期以上)，可每学期完成一篇，对于短学时课程，则视教学内容的阶段性进展情况而定。

⑤学生在课程结束时提交的学习成果，可以是学习报告、论文，也可以是研发产品、学科竞赛成果等。

(3)评价结果的发展性

促进学生的个性发展是教学评价的现代教育意义和价值取向，创新实践课程教学评价的最终目标是促进学生创新能力的发展。以此为出发点，评价体系中的每一个要素的执行，评价者都要以动态发展的眼光去捕捉学生的每一个细微进步和行动闪光点，而不能以静态僵化的观念挫伤或束缚学生思维的灵性闪现。同时每一位学生的学习能力差异会导致其学习速度、进步程度存在个体差异，因此不能以同样的进度标准要求每一位学生，要使最终的评价结果能够客观体现每一位学生的真实发展水平。

2. 能力导向评价体系的实践架构

(1)制定科学的评价指标作为导向

评价指标是评价体系各项构件的综合性表征，同时在教学评价过程中起着重要的导向作用。创新与实践课程的教学评价，是对学生创新能力和实践能力的综合素质评定，是一个贯穿教学过程的动态量化的全过程监控体系。根据上述对评价体系的理论架构分析，我们在实践中建立起了较为科学完善的评价指标体系(见表5-3)。

表 5-3 创新实践课程教学评价指标体系

一级指标	二级指标	评价标准(优秀)	评价方式及依据	权重
知识与技能	专业知识	能够熟练运用专业理论知识分析、处理模拟情境问题或实际问题	纸笔测验、谈话面试	0.1
	专业技能	能够熟练操作、维护专业仪器设备和用具，能够顺利处理工作中的专业技巧问题	观察学生的实际操作、查看操作记录、设置虚拟问题进行笔试或面试	0.1
态度与习惯	学习动机与态度	(1)能够积极参与教学过程，学习过程中表现出较高的学习热情，能够积极主动思考、解决问题 (2)满勤，没有迟到、早退和旷课现象	(1)教师和企业人员评价：观察学生在教学中和小组活动中的表现，查看考勤 (2)学生自评和互评	0.1
	工作习惯	(1)能够及时维护、整理所用器具和材料，始终保持所用仪器、设备、工具的整洁和正常运行状态 (2)能够对项目研究的每一次活动情况做及时、准确、翔实的记录，包括步骤、操作要点、数据、出现的问题、问题分析及解决方法、阶段性总结等	(1)教师和企业人员评价：通过观察了解学生表现，查看学生“项目研究记录本” (2)实验室管理人员评价	0.1
问题能力	团队合作与责任感	(1)能够与课程学习小组其他成员融洽相处、分工协作，圆满完成每一次合作任务，并能够热情帮助小组其他成员共同完成小组任务 (2)始终关注本专业领域发展前沿，关注本专业或未来所从事工作的社会责任和社会行为	(1)教师和企业人员评价：观察学生在教学研讨、小组任务过程中的表现 (2)学生自评，小组评价：学生填写自我评价表、小组成员评价表，或写自我评价“小纸条”	0.1

续表

一级指标	二级指标	评价标准(优秀)	评价方式及依据	权重
问题能力	问题意识	能够熟练掌握文献查阅方法，能够在文献查阅和项目研究过程中，不断发现问题、提出问题	教师、企业人员通过与学生的日常沟通交流、批阅学生文献综述报告等，根据学生的表现进行评价	0.1
	专业思维和创新思维能力	(1)能综合运用专业知识完成工作任务，能对专业领域的问题触类旁通，举一反三 (2)能把大量的观察材料、事实和概念综合一起，进行概括、整理、分析，从中归纳出事物规律 (3)能从与众不同的新角度提出问题，以独到的见解分析问题，敢于质疑，表现出良好的求异思维品质 (4)思路开阔，能提出较多的设想和答案，遇有难题，能灵活调整思路，从新角度去思考问题	(1)教师和企业人员评价：观察学生在教学研讨、小组任务过程中的表现，或通过批阅学生的阶段报告和研究论文进行评价 (2)学生自评，小组评价：学生填写自我评价表、小组成员评价表	0.15
	问题解决能力	(1)能够统筹安排研究方案，既能够独立完成自己的分工任务，又能够与小组成员合作，圆满完成小组任务 (2)能够运用专业知识和技能，对项目开展过程中的实际问题很好地进行逻辑分析、制定解决方案，并在问题解决实践过程中充分调动各种资源，不断反思、调整方案、与他人表达交流，最终达到问题解决的最好效果	(1)教师和企业人员评价：观察学生在教学研讨、小组任务，以及独立完成任务过程中的表现，或通过批阅学生的过程性任务报告(研究方案、项目研究记录等)、研究成果进行评价 (2)学生自评，小组评价：学生填写自我评价表、小组成员评价表	0.15

续表

一级指标	二级指标	评价标准(优秀)	评价方式及依据	权重
课程学习成果	阶段性课程报告和结项答辩	(1)能够独立撰写阶段性项目进展报告，报告符合专业成果报道的基本规范，图谱分析、数据处理等方法正确，结论合理 (2)课程完成时，能够顺利通过结项答辩	(1)教师、企业人员根据学生提交的报告质量进行评价 (2)课程教学最终结束时，任课教师组成答辩小组，审查学生的研究成果，给予评价	0.1
	最终成果	(1)各级各类大学生学科竞赛获奖 (2)获得专利授权证书 (3)发表专业学术论文	教师根据学生所获得奖项的等级、发表论文的质量、所获专利类型等进行评价	10分

评价指标体系应该同时包含形成性评价和终结性评价，形成性评价的指标以上述评价内容的三个维度为主，所有阶段性评价结果均可纳入学生的“学习档案袋”，作为综合评价的参考依据；终结性评价则以学生的最终研习成果为主要评价指标，包括学科竞赛获奖、发表论文、获得专利等学术成果和学期研究报告、项目结项答辩等，由于学生学习能力存在差异，只有少数学生最终能够获得学术成果，因此，终结性评价的结果不能成为学生该课程综合评价成绩的决定性因素，可以把学术性成果定为加分项，作为对少数优秀学生的鼓励。要通过形成性评价为绝大部分学生提供发展空间，只要学生在课程学习过程中创新能力和实践能力获得了一定的提升，就可以拿到相应的学分。

(2)制定完善的教学制度提供保障

教学评价不是一个孤立场，而是教学过程的一个必不可少的环节，在课程实施过程乃至整个课程体系的实现过程中，都占据至关重要的地位，教学评价执行的效果好坏，直接影响着课程目标的达成度，甚至人才培养的质量。因此，创新实践课程的教学评价的实施并不仅仅是这类课程个体的事情，更不是任课教师个人的事情，而需要一系列相关教学制度的保障。如《实验室(实训场所)开放管理制度》《学生项目研究记录制度》《教师教学记录制度》《创新实践课程档案袋式教学评价制度》《创新实践课程教学规范》《学生学科竞赛、学术成果奖励制度》等。这些制度的实行可以激励和保障学生课程学习的积极性，也提高了教师对教学评价的科学认知，从而保证了教学评价的施行和效果。

(3)建立联动的管理机制形成支撑

创新实践课程教学评价体系的科学实现在很大程度上要依靠教师的教学热情。由于形成性评价内容的细节性和全程性，难免在操作上略显繁琐；同时，又由于创新实践课程的教学过程不局限于某一固定的教学空间和时间，教学内容不局限于某一本特定的教科书，这些完全由教师本人根据自己与学生团队所设定的项目任务而定，因此，课程评价针对每一位教师和学生都具有一定的个性特质，从而给教师对教学评价内容和标准的把握上带来一定的困难。为了避免任课教师怕麻烦而致使教学评价流于形式或在效果上打折扣，需要制定针对创新实践课程的教学质量评价管理制度，在教学工作量的认定方面给予最大的鼓励和支持，在教学行为方面做科学客观的全过程监控，在教学效果方面与学生的能力发展和研习成果相挂钩，从而使制度与制度之间形成联动机制，互相支撑，互相促进。

在教学管理层面，学校、二级学院、教师三级管理主体之间也要建立联动机制。学校教务管理部门要对二级学院创新实践课程的教学评价机制予以支持和鼓励，学校教学管理制度要与二级学院的教学管理制度之间做到相互支撑。教务管理部门、教学质量监控部门、二级学院教学管理者、教师四者之间在信息沟通与反馈、教学规范与创新、教学改革与研究等管理机制上也要做到互通有无，使教师在教学评价的操作上尽可能发挥主体优势，有更大的创造性空间，使教学评价能够真正引领创新实践类课程，实现应用型人才能力培养目标。

3. 开放式实践教学基地建设质量评价指标体系的构建

应用型地方高校建设必须强调实践教学基地建设，重视产教融合校企合作成效，强化应用型人才培养质量。但目前实践教学基地建设仍是不少应用型高校建设的薄弱点，特别是有关实践教学基地建设的质量评价体系和评价标准远远落后于新形势下创新应用型、技术技能型人才的培养要求。因此，建立一套科学合理的实践教学基地建设质量评价体系，成为当前应用型地方高校实践教学的当务之急，不仅可以驱动高素质应用技术型人才培养迈向纵深，还能及时反馈产教融合校企合作中存在的不足，对提升基地建设水平，保障实践教学质量具有重要的现实意义。

(1)实践教学基地质量评价指标体系构建的基本原则

实践教学基地建设质量评价指标体系是以提高实践教学质量为目的，对实践教学的进程与质量进行的持续监控和评价。它以实践教学全过程的质量评价为核心，采用科学手段对影响实践教学质量的诸多要素及各个环节进行协调和控制，使其规范有序，推进实践教学质量的不断提高，优质、高效地达成教学目标。因此，在设置和构建实践教学基地质量评价指标体系时，首先要考虑“为何评”“谁来评”“评什么”“怎么评”的问题，即我们的产教融合校企合作实践教学基地究竟要达成什么样的人才培养目标、设置什么样的实践环节、达到什么样的校企合作效果，组织什么样的机构来全过程监督和评价。这是一个符合OBE理念的比较科学、合理的思路。目前，不少地方高校在实践教学基地建设方面，缺乏校企双方的实质性合作，没有统一的科学有效的管理模式和科学的评价制度，特别是“学校为主、企业为辅”的管理模式，在一定程度上挫伤了企业参与的积极性。如实习时间、实习内容由学校制定，企业只负责场地和实习指导，“企业无法从中获取自身利益”，很难有效保证实践基地的良性运行。因此产教融合校企合作模式下的实践教学基地评价需在评价指标中引入企业要素，达成校企各方“双赢”的结果。

产教融合校企合作模式下构建实践教学基地建设质量评价指标体系应坚持的基本原则是：在实践教学全过程中，本着校企各方“双赢”的目的，由参与实践教学的指导教师和学生，以及参与管理的职能部门和实习企业单位，按照各自的职责和权限，对直接或间接影响实践教学基地建设质量的各种要素，依据预定的定量评价标准和定性评价标准，采取一定的方法和手段进行收集、分析、整合，形成一个明晰、明确的评价指标体系，进而对实践教学基地建设的质量进行有效分析、完善和调控，为高层次、高素质、复合型应用专业技术人才的培养提供质量监督。

过程评价、结果评价与效果评价指标相互补充。过程评价指标反映的是基地建成后的运行管理能力与水平；结果评价指标反映的是基地建设的直接成效和外在表现；效果评价指标反映的是基地建设的综合绩效，如实践教学、人才培养、科学研究和社会服务等方面的绩效。

相对发展指标与绝对水平指标相互补充。绝对水平指标反映实践教学基地建设与管理的实际状况。考虑到师资力量、建设周期、投资规模等客观条件的限制，以及建设与管理的起点水平差异，可能导致特殊情况下的绩效差异，因此需要通过相对发展指标来补充和修正，从而动态反映基地的发展状况和成效。

定性指标与定量指标相互补充。对基地的建设、运行管理和取得的绩效进行定量指标量化考核，其结果客观、准确、可信度高。但实践基地建设涉及许多很难定量表达的定性指标，必须将定量指标与定性指标结合起来综合分析，才能客观地反映基地建设的全面成效。

产教融合相互补充企业的生命线是效益。只有实现产教“双赢”，高校才能与企业建立稳定的合作关系。在实践教学基地建设质量评价指标中要体现校企合作双赢，准确把握校企双方利益的均衡点，如高校可依托科研和人才优势，寻求校企实质性合作，为企业解决科技难题提供技术支持，或与企业联合申报省级、国家级项目，为企业举办技工培训班，提高企业技术人员的技术水平等；企业可为学校教师提供企业实训的机会，为教师实践教学提供素材。

(2)实践教学基地质量评价体系的指标要素

实践教学基地建设是一个综合性的系统工程，既包括专业与学科建设的整体规划、课程体系的改革、实践内容的构建、师资队伍的水平等，同时也涉及教学资源的投入和成效。因此，实践教学基地建设的指标要素起码包含“硬件”指标、“软件”指标和“基地绩效”指标三部分。

①“硬件”指标：主要指与实践教学环节相关的设备、场地、设施、环境等方面的建设。

②“软件”指标：主要指建设管理的理念、规章制度、合作协议、协同机制、实践教学计划、大纲、教材、师资队伍等方面的建设。

③“基地绩效”指标：主要是指人才培养、科学研究和社会服务三个方面。人才培养方面，可以从实践教学改革、完善实践教学内容、实践教学质量等方面的成效体现；科学研究方面，可以从承担各级、各类科研项目和横向项目的数量和层次水平以及所发表的论文、专利、获得的成果奖励等方面的成效反映；社会服务方面，可以从对外开放、仪器设备共享、对应企业人才输送等方面的成效体现。

(3)实践教学基地质量评价指标体系的指标内涵

应用型地方高校的人才培养定位要求学校必须走内涵发展之路，传统的实践教学基地建设模式已不再适合于创新性应用型高素质人才培养的要求，必须根据人才发展的需求，积极构建多元化的基地建设模式和评价指标体系。

一方面要建立以学校为主导的校内教学实训中心，通过校内资源整合，实现科学合理的资源配置，强化自身“造血”功能，然后通过技术服务与企业建立产学研合作型工程实训中心等实践教学基地，实现资源共享，优势互补。另一方面要建立以企业为主导的企业教学实训中心，培养企业急需的应用技术人才，让企业参与学生培养全过程，探索“订单式”校企合作办学模式。同时，基地建设要采取企业赞助多渠道筹集经费，制定专项经费管理制度，保证基地顺利运行。另外，实习考核要严格制度，学校和共建单位要联合考核，考核应加强过程考核，包括实习设计、现场操作、安全意识、实习报告和集中答辩等全过程，切实提高学生的素质、能力和水平。很显然，地方应用型高校实践教学基地建设指标的内涵不仅要全面和细化，更要突出全程性和全员性，以确保教学基地建设的质量和人才培养的高标准。

因此，在实践教学基地建设质量评价指标体系构建方案中，我们设计了 4 个一级指标，分别是“建设与管理”“实践教育能力”“运行效能”和“特色创新”，下设 14 个二级指标，涵盖建设指导思想、协议与经费、目标与反馈、实践条件、教学材料、学生能力、指导教师获得感、企业利益、社会服务等各个方面，共计 41 个评价点，并分别赋予相应的评价分值(见表 5-4)。

表 5-4　实践教学基地(实践指导教师)评价指标

一级指标	二级指标	评价指标(分值)和内涵
1. 建设与管理(30 分)	1.1 指导思想(6 分)	建设目标定位准确，发展思路清晰，具有鲜明建设特色(2 分)；校外基地符合学校发展方向以及支撑具体专业实践教学(1 分)；坚持以产学研合作的建设模式，基地的建设与运行畅顺有效，基地数量与对应专业比≥3∶1(2 分)；产学研合作机构健全，并有效组织运行(1 分)
	1.2 规划和实施(6 分)	基地建设规划明确，设置起点高，满足区域经济 发展需求(3 分)；基地专业对口，符合人才培养方案要求，满足专业实践教学需求(3 分)
	1.3 管理体制(8 分)	设有专门的实践教学基地管理机构，有主管负责人(2 分)；管理机构健全，有科学的运行体制，基地的使用、建设和发展合理有序(2 分)；基地的利用效率高(2 分)；管理制度健全、设备操作规程完备，并及时修订，有效执行(2 分)
	1.4 协议与经费(5 分)	有正规签署的产学研合作协议(3 分)；基地建设经费有保障(2 分)
	1.5 目标与反馈(5 分)	具有完善的目标管理制度(包括基地学生管理制度、基地教师管理制度、效果考核制度和反馈机制等)(3 分)；基地运行有序规范，运行记录齐全，实践实习档案管理规范(2 分)

续表

一级指标	二级指标	评价指标(分值)和内涵
2. 实践教育能力(30分)	2.1 实践条件(10分)	实践工作场地满足专业实习教学要求(3分)；基地环境状况良好，人身安全有保障(2分)；仪器设备满足实践教学需求，配套齐全、状况良好、(2分)；实践教学基地满足“产学研培”要求，实训室布局合理，能完成各种实验、操作、训练、实习等要求(3分)
	2.2 教学材料(10分)	按照工业见习、工业实习、工程实训等分类要求，培养方案、实习大纲、实习教材等实践教学材料齐全(6分)；学生的实习成绩评定标准合理，能如实反映学生实习情况(2分)；学生实习结束后档案齐全，包括：实习成绩、企业实习证明、学生实习记录等(2分)
	2.3 质量保障(10分	企业选派实践经验丰富、中级职称以上人员指导实践教学活动(2分)；学校选派实践指导教师参与实践教学环节(2分)；企业选派的指导教师和学校选派的指导教师有足够的时间指导学生，指导教师有相应的实践教学指导记录(6分)
3. 运行效能(30分)	3.1 学生能力(5分)	学生实践记录完整，对实习中遇到的问题分析全面、深刻，能提出有价值的经验(1分)；对指导教师布置的专题作业或某些问题提出独到的见解及合理建议(1分)；学生成果展示(独立完成的器件、发表的文章、获得的奖励等)(3分)
	3.2 学校认可度(5分)	学校实践教育的报道(报纸、新闻、网络、新媒体等)(2分)；对应专业学生毕业后在企业具有较高的评价(3分)
	3.3 指导教师的获得感(5分)	基地承担研发的能力明显增强，有新增的教研或科研项目，有一定量的论文发表，获得专利或有成果奖励(2分)；校企共同承担科研课题、共同研发项目，联合申报各级科研项目(2分)；基地承接专业教师培训、培养“双师型”教师(1分)
	3.4 企业工程人员获得感(5分)	基地为企业开设理论讲座，为企业培训技术工人等(5分)

续表

一级指标	二级指标	评价指标(分值)和内涵
	3.5 企业利益(5分)	合作申报立项国家、省、市级的研发平台、工程技术中心、高新技术企业等(3分)；申请减免税额(2分)
	3.6 社会服务(5分)	1. 基地创新培训模式，成果获应用和推广(2分)；2. 企业每年接收一定数量的毕业生(1分)；3. 基地面向社会开放，合作成果取得成效显著(1分)；4. 仪器设备共享，产生一定的社会效益或经济效益(1分)
4. 特色创新(10分)		基地建设独具特色，运行管理富有创新，在教学改革、人才培养、科学研究开放共享等方面取得具有示范意义的成果(5分)；基地取得影响巨大的创新成果，如学生创意为企业带来了新工艺、新产品等(5分)

注：优秀：90≤赋分≤100；良好：75≤赋分<90；合格：60≤赋分<75；不合格：赋分<60

(4)实施效果

许昌学院在学校层面、二级教学单位和基层教学团队三个层面建立校企合作机制，地方、行业、企业参与了应用型人才培养全过程。通过实践教学基地建设质量评价指标体系，学校的实践教学基地建设质量监控工作经历了研究、实践、再研究、再实践的不断深化改进的过程。积极推进实践教学工作的改革与建设，形成全校师生重视实践教学工作的良好局面，提高应用型技术技能人才培养比例，明显增强了学生的应用技术创新能力和就业创业能力，引起众多地方高校学习借鉴。

以许昌学院新材料与能源学院为例，“把营造良好的实践教学基地摆在首位”，围绕新材料、新能源、超硬材料等战略新兴产业和钧瓷传统文化产业，结合学科发展，合理配置资源，先后与行业龙头企业河南黄河旋风股份有限公司、大宋官窑瓷业有限公司、河南平奇纳米股份有限公司等16个企业共同搭建产学研教合作平台，明确校企职责，深化质量评价，强化合作力度，组建了协同创新中心和工程技术中心、互派专业技术人才，逐步形成了产学研教相融合的育人观念和体系，实现成果转化500多万元，为企业新增经济利润1.81亿元。学院依托产学研教合作平台，构建“理论精讲+技能训练+项目引领”的教学体系，推出“企业导师制”，设立大学生实践基地，通过“项目引领”带动学生参与产学研合作研究工作。

学院制定了“尊重个性、因材施教、分类培养”的培养方案，根据学生兴趣，实施“材料之星”创新人才培育计划，推出“大学生科技训练计划”和“创新人才培育计划”，分设科学实验班和工程技能提升班，利用校内科研训练实验室和校外技能训练实验室，实施“专业导师制”和“项目化管理”，师生全员参与，通过导师指导下的科技创新项目把“理论知识学习”“思想教育”“创新能力培养”“考研”和“就业”结合在一起，形成四位一体“全面发展、尊重个体差异化”的育人方式。在这样的环境下，学生有其所学，乐其所学，学有所成。近年来在校本科生发表学术论文近50余篇，在“挑战杯”全国大学生课外学术科技作品竞赛、全国大学生创业大赛等国家级比赛中获国家级奖励20余项。毕业生深受新材料、新能源、装备制造等国家新兴战略行业的青睐，创新性应用型人才培养成绩被《中国教育报》《中国科学报》《中国科学网》河南教育等媒体先后报道。

4. “OPCE”人才培养的质量与考核

在教学质量的评价与保障方面，立足培养目标，改进教学方法，采用多元化评价形式，完善学生学习评价改革。建立健全“重平台、两结合、三共建、四参与”的教学质量评价形式。“重平台”就是重视利用科研平台教学成果评价，“两结合”是指“校内与校外、过程与结果相结合”评价，“三共建”是指教学质量标准体系、教学评价标准体系、教学质量保障体系的共建；“四参与”就是建立“行业协会、企业、学校、学生”四方共同参与教学质量监控、评价机制。实现教学质量监控、评价与保障体系建设的标准化、规划化和系统化。

将开放式平台实践课程纳入人才培养方案，制定实施方案和实施细则，教师和学生全员参与，规定了指导教师职责，以及对学生和教师的考核办法，保障课程实施。通过全体师生参与的全员导师制，师生全员参与、双向选择。通过查阅分析文献、实验、创新创业训练、学科竞赛、课题讨论、项目答辩等实施教学，引导实施项目驱动的研究性学习，培养学生各方面素质。成绩考核通过指导教师成绩(平时成绩)、评阅成绩、答辩成绩等方面实现，对于获得成果(论文、专利、竞赛获奖等)的学生，根据贡献大小，依规认定等次。以科研反哺教学，践行科教融合，实施创新人才培养计划。

通过"开放·实践·创新"OPCE 教育模式探索，以市场需求为导向、以学生的技能教育为核心、以破解应用型人才供需矛盾，将需求侧的期望和偏好用于指导人才供给侧改革。通过构建应用型课程体系，初步实现"素质培养协同专业和创新能力培养"的统一，使学生在创新能力、实践能力及思维能力等方面得到提升。在教学实践中，教师通过指导学生，启迪了思路，提高了实践指导能力，获得了科研成果。学生在科研锻炼中获得了知识，受到了岗位锻炼，培育了科学素养，达到了教学改革与实践上的统一。实践证明，通过基于"开放·实践·创新"的人才培养模式改革，培养了具有创新能力的高素质、应用型人才。

第六章　OPCE 育人体系的实践案例

案例一　开放型项目教学模式的探索与实践

随着经济社会的日益发展，企业对于适应经济社会发展的高层次技能型人才的需求量越来越大。另一方面，高校实践教学硬件条件不能很好地满足国家教学质量标准和工程教育认证标准的要求，导致学生实践、创新能力差。企业需求和高校人才供给之间不平衡的矛盾导致目前大学生的对口就业率明显不高。因此，如何提高大学生实践创新能力以更好地适应经济社会需求已成为高校人才培养和课程改革中需要研究和解决的迫切问题。

传统的本科教育偏重于专业理论课程，理论或实践教学中关于工程实际训练的项目或者综合类的实验项目学分在总学分中占比很低。实践教学环节是专业理论教育与学生就业紧密联系的纽带，通过深化实践教学的内容、增加实践教学的学时及在总课程学分中的比重，应用型本科院校在人才培养方案修订中已有不少案例进行了改革，已取得了明显的效果。开放型项目教学是一种以项目为抓手、让学生直接全过程参与其中的教学方式①。这种教学建立了师生互动、渗透学科前言、探索创新、课堂设计紧凑的教学氛围，枯燥、分散的专业教学内容被设计成几个紧密关联、前后衔接的小知识模块，从提出问题、分析问题、提出项目方案并实施到最终

① 王一萍. 项目教学法在《电子技术基础与技能》中的应用[J]. 科技向导，2014(8)：312.

解决问题，可有效调动学生参与教学的积极性，提升教学质量。这里的“开放”是以实际的项目课题为载体，在课余时间由师生自发进行的专业实践活动，师生互选、自选学习环境和时间、不同年级的学生组成团队，项目任务分层次，由导师提出项目课题，师生共同设计实验方法，到最终完成①。(图 6-1、图 6-2 和图 6-3 为学生在教师指导下从事科研课题的图片。)

图 6-1　谢智宇老师指导学生分析数据

图 6-2　李静老师指导学生做实验

① 岑岗，林雪芬. 开放型项目教学的研究与实践[J]. 浙江科技学院学报，2010，22(5)：375-380.

图 6-3　谢智宇老师指导学生做实验

一、材料科学与工程专业的特点及人才培养

材料科学与工程是工科专业，与社会生产息息相关，培养的学生不仅要有扎实的理论基础，也要能够解决材料相关制备工艺等复杂难题。在课程体系中，实践部分主要包括基础实验、工业见习、专业实验、工程实训、社会实践、工程类课程设计、毕业实习、毕业设计(论文)等。这些教学形式采用的是整班式推进，强调的是全员参与，不利于学生的个性化培养。在转型发展背景下，许昌学院材料科学与工程专业结合地方经济社会发展及行业发展趋势，充分利用师资和平台优势，积极探索新的实践教学模式，基于开放型项目的教学模式因材施教，有力填补了现有不足。

二、教学模式的构建

开放性项目式教学模式是选取部分学有余力的大二、大三学生和具有较强科研实力的老师作为对象，以指导教师根据地方经济和国家需要为价值导向而设立的与企业生产实践密切相关的横向课题或前沿科技研究热点的纵向课题为主线，对学生开放校内校外实践平台，开设校内科学实验班和校外技能提升班，践行学生的分类培养计划。通过教师引导学生以理论知识为基础，解决项目中的实际问题为导向，强化学生的实践能力、科研素养和创新能力(见图6-4)。

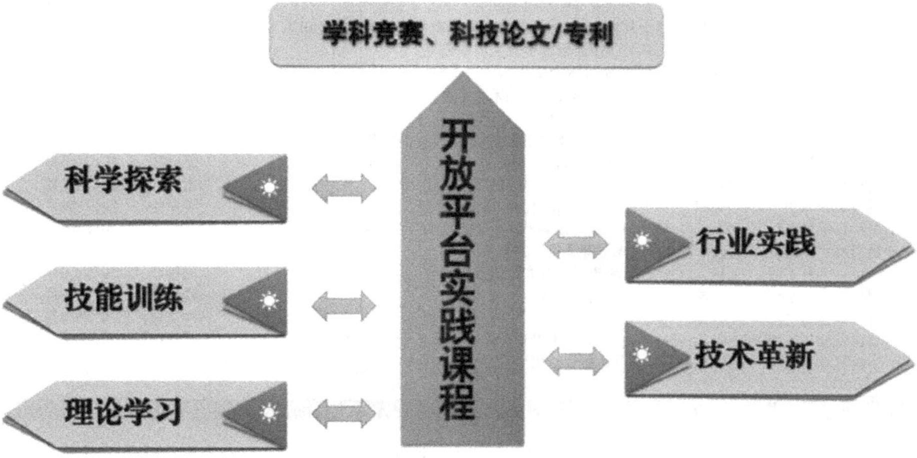

图6-4　基于开放性项目教学模式的构建

(一)项目的选择

项目的选择要考虑学生的理论知识层次和实践水平。材料科学与工程专业的学生在大一时仅进行了无机化学实验等基础实验的锻炼和基础材料化学知识的学习，对于综合性的项目分析解决起来会难度较大，容易挫伤学生的积极性，教师要采取循序渐进的方法让学生阶梯式参与。比如在刚开始介入实验项目时，给学生提供一些中文的参考文献，在讲解实验内容时重点讲解实验方案的设计思路等，让学生易于接受，在学习过程中，再适当增加实验项目的难度，避免学生产生消极的厌恶或恐惧心理。我们根据学生的兴趣和职业生涯规划，对学生进行分类指导，一般有计划进行科研深造的学生选择纵向项目，而有就业打算的学生则选择横向。

序号	班级	姓名	论文题目	指导老师	时间
1	材料科学与工程	范彭伯	水热法制备稀土发光基体Sr2MgSi2O7	梁玮	2017年6月
2	材料科学与工程	宋宏涛	Bi2O3纳米片材料的制备	孙占奎	2017年6月
3	材料科学与工程	董硕	高温固相法制备稀土发光材料Rb3SrGd(PO4)3	梁玮	2017年6月
4	材料科学与工程	肖浩燃	基于ZnO/GRO复合材料的光催化机理研究	铁伟伟	2017年6月
5	材料科学与工程	张甜怡	硫化铟的室温制备及光催化产生过氧化氢产率研究	葛素香	2017年6月
6	材料科学与工程	谢运冉	氯氧铋改性光催化性能研究	葛素香	2017年6月
7	材料科学与工程	王双	复合纳米半导体材料的制备及其光电性能研究	铁伟伟	2017年6月
8	材料科学与工程	王晨晓	贵金属掺杂的BiOCl纳米材料的制备及光催化性能研究	贾会敏	2017年6月
9	材料科学与工程	张士礼	聚苯胺包覆硅粉锂电负极材料研究	李品将	2017年6月
10	材料科学与工程	祁强	石墨烯/SeCo复合对电极的制备研究	李品将	2017年6月
11	材料科学与工程	金佳茗	半导体颗粒修饰的碳纳米管复合材料的制备及光催化性能研究	铁伟伟	2017年6月
12	材料科学与工程	杨园明	硅酸锶掺杂改性研究	朱聪旭	2017年6月
13	材料科学与工程	刘闯	碳纳米颗粒与棒状纳米SnS复合材料的研究	朱聪旭	2017年6月
14	材料科学与工程	吴俊华	Mn3O4粉体的制备及表征	赵红晓	2017年6月
15	材料科学与工程	姚益	ZnO/PbI2体相异质结的制备及其在太阳能电池中的应用	雷岩	2017年6月
16	材料科学与工程	杨晓凯	BiOBr光电薄膜材料的制备及性能研究	贾会敏	2017年6月
17	材料科学与工程	韦豪坤	锑掺杂二氧化锡纳米导电浆料的制备与应用	法文君	2017年6月
18	材料科学与工程	姚磊	BiOCI光电薄膜材料的制备	贾会敏	2017年6月
19	材料科学与工程	王琪	预合金粉末（FeCu30）的改性研究	武玺旺	2017年6月
20	材料科学与工程	杜兆禹	功能液化晶的合成	铁伟伟	2017年6月
21	材料科学与工程	闫俊灿	锑掺杂二氧化锡包覆电气石粉的制备	法文君	2017年6月
22	材料科学与工程	李宗昌	Au@Ag2S核壳纳米颗粒的制备及其光学性质的研究	何伟伟	2017年6月
23	材料科学与工程	徐超	ZnO半导体颗粒修饰的石墨烯基复合材料的制备及其光催化性能	铁伟伟	2017年6月

Sheet1

图 6-5　教师和学生之间互选课题

(二)团队的组成

项目团队主要由学有余力的本科生和由纵横向科研项目的指导教师组成。指导教师首先根据个人的科研方向给出课题(包括纵向和横向课题),

图 6-6　校内校外导师授课

学生根据个人的兴趣爱好和未来职业规划选择自己想要参与的课题。由于教师课题的连续性和不同年级本科生专业知识能力的差异，团队成员中也存在着高低年级的差异和合作。在项目实施过程中高年级的学生会在仪器操作、实验分析等方面协助低年级学生，形成良好的传帮带氛围。

（三）项目的实施

项目实施包括课题调研、双选立项、分工、方案设计、实验内容实施、样品测试和结果分析、方案改进优化并实施、学科竞赛项目参与、答辩结题等一套完整过程。在实施的整个过程中特别强调师生的积极参与，在学生遇到无法解决的问题或困惑时，教师从学生已学的知识中给予适当的启发和点拨，让学生真正参与到项目问题中思考，在这个过程中不仅解决了实际问题，也增强了学生的成就感和专业认可度，从而达到由理论到实践、实践强化理论知识的效果。教师在教学中发挥了“授人以渔”的作用。比如在课题“岩沥青改性沥青防沉积”项目中，学生开始接触该项目时，会不知如何着手考虑。这时，指导教师不是直接告诉学生应该采用什么方法或具体实验内容方案，而是采用启发式交流提出问题，学生通过查阅资料、复习回顾学过的知识，一步一步找寻思路，确定一个或多个较为合理的方案，然后再一一实施，并对所得的实验结果进行测试分析和改进，最终得到一个完美的结果，顺利完成课题。为了高质量地完成这些课题，师生需要进行及时的实验交流和总结，帮助学生解决实验难题的同时，也使学生产生一些新的思路和想法，为后续实验的进行打下坚实的基础。毫无疑问，经历这一系列的学习和实践，学生的实践动手能力能够明显增强，分析问题解决问题的创新思维能力也得到了锻炼，并对将来可能从事的行业及产品的标准有初步的了解，为以后走上工作岗位打下良好的基础，从某种程度上减少了企业的二次培养费用。

这类教学实施过程随机性和动态性比较强。为了保证教学质量，每位导师指导同年级学生人数不超过 3 人，校外导师和校内导师同时指导的同一年级学生人数为 2 人。过程管理以导师管理为主，导师担任着项目管理的主要职责，包括学生项目的选题，安排项目进展，检查并督促学生按时完成项目，并对学生取得的成绩或存在的问题及时分析总结；指导部分学生参与学科竞赛项目和创新创业活动，努力提高学生培养质量。院系层面在实验室安全、大型仪器培训、实践教学目标等方面进行检查和指导。

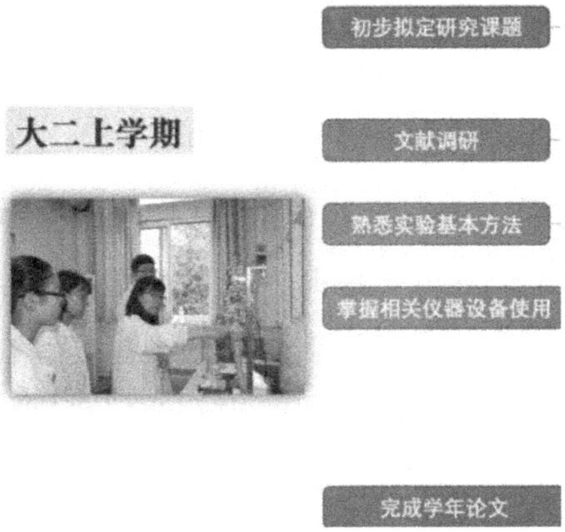

图 6-7　不同学习阶段的授课、考核方式

图 6-8　学生的竞赛交流及实验过程记录

在实施中，也应考虑教学工作量的认定、学生学习过程及结果评价。将学生获得的高层次成果，例如学科竞赛获奖、发表文章、获得专利等，作为师生的加分项，以鼓励少数优秀师生。

三、开放性项目教学模式实施的效果

通过开放性项目教学模式的实施，师生均获益良多。由于没有硕士授权点，所有的科研工作都是由本科生在导师的指导下完成。通过师生共同努力，近年来，许昌学院化工与材料学院的高层次人才如中原学者、中原领军人才等方面获得新突破，获得省级以上人才项目支持或荣誉 15 人次。大学生参与学科竞赛、创新创业大赛的热情逐年提升，发表的论文、授权专利、考研率、对口就业率也逐年递增。近 5 年来，学院学生共发表学术论文 61 篇，获得省级以上学科奖励 200 余人次，本科毕业生考研率达 30%，一次就业率超过 95%。

如 2016 级材料科学与工程专业本科生毛某某，大二进入实验室，在 OPCE 育人体系下开展科学实验，获得“材料之星”一等奖，本科阶段研究成果发表论文 4 篇，作为第一作者发表 SCI 一区论文 2 篇，总影响因子 24. 4。其中 1 篇发表在纳米科技领域顶尖期刊 *Nano Today*，与清华大学博士作为并列第一作者。

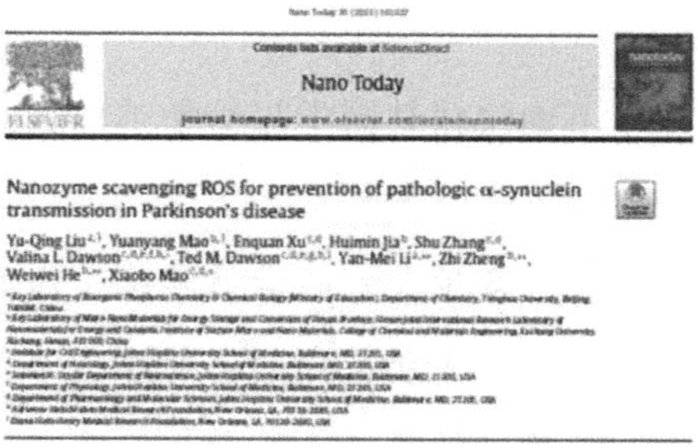
Nano Today

Nanozyme scavenging ROS for prevention of pathologic α-synuclein transmission in Parkinson's disease

图 6-9　毛某某同学所取得的科研成果

材料科学与工程专业 2015 届毕业生张某同学从大二开始参与科研创新训练，创新能力得到不断提升，2015 年获得第十二届“挑战杯”河南省大学生课外学术科技作品竞赛特等奖，2015 年发表 SCI 二区论文一篇，并顺利考取华侨大学硕士研究生，目前在宁波材料研究所工作。

硕士在读期间，由于科研能力突出，她被遴选为实验室科研小组组长。张某同学由此对母校的科研创新训练计划感触颇深，她把自己的感恩、感想和体会写成一封信寄回母校，寄语学弟学妹们，鼓励他们积极参加科研创新训练，努力提升专业创新能力。

获奖证书

许昌学院张蕾 王承相 贾祖孝 张贝贝 王伟杰作品《低温元素直接反应制备异质结光电薄膜及器件》荣获第十二届“挑战杯”河南省大学生课外学术科技作品竞赛 特 等奖。

指导老师：郑直 雷岩 贾会敏

特发此证，以兹鼓励。

河南省科学技术协会　河南省学生联合会

二〇一五年八月

Dalton Transactions

PAPER

View Article Online

A facile room temperature iodination route to *in situ* fabrication of patterned copper-iodide/silicon quasi-bulk-heterojunction thin films for photovoltaic application†

Lei Zhang,[a] Yan Lei,[a] Xiaogang Yang,[a] Jiamei Cheng,[a] Chengxiang Wang,[a] Huimin Jia[a] and Zhi Zheng*[a,b]

Received 9th December 2014, Accepted 11th February 2015

1. Introduction

图 6-10　张某同学获得的大学生学科竞赛奖励证书及发表的 SCI 论文

下面将张某同学写给学弟学妹的信件内容摘录如下：

各位大一的学弟学妹，你们好！

首先欢迎你们来到许昌学院新材料与能源学院就读。我是今年刚从许昌学院毕业的学生，现在就读于华侨大学材料学院。很荣幸能以一位过来人的身份给大家一点忠告，希望能对你们刚刚开始的大学生活提供一点帮助。

首先，希望大家能尽早确立自己的目标，大学毕业后是准备考研或者工作。我是在大一的时候就有考研的念头，所以我抓住了一次从大一开始就跟老师进实验室进行创新实验的机会。这里我想特别强调一下咱们学院独特的优势，咱们学院依托纳米所，为我们本科生提供了很好的实验机会和便利的实验条件，只要你想参与创新实验，所有的老师都会热情细致地指导你。我敢保证这在全国所有的大学中都是不多见的。原来在本科的时候没有特别强烈的感觉，但来到这边读研后，我才发现即使毕业于很好的大学的学生，他们的实验经历也没有咱们学院的学生丰富，很多在我们本科同学看来很平常的实验操作他们都没有接触过，甚至没有听说过。例如FTO、ITO、反应釜这些最常见的实验用品他们都不认识。这让我在这里有了很大的优越感和自豪感。另外，咱们学院给了本科生非常多的实验机会，这其中就包括可以接触到一些大型实验仪器，例如XRD、扫描电镜、拉曼、紫外红外、真空溅射仪、蒸镀仪、手套箱等。即使本科生不能亲自操作，但当老师或研究生操作时有观摩的机会也是会有很大收获的。要知道，本科期间的实验经历对你的考研过程(尤其是复试时)和研究生学习过程的帮助是非常大的。因为所有的硕导都希望自己的学生有丰富的实验经历，这样他就免去了手把手教你的过程，你也能尽早做出一些成果。所以，希望大家能够积极参与到创新实验中来，尽早选择自己喜欢的导师和喜欢的课题，积累丰富的实验经验，因为这些经验对你们来说都是无形的财富。但需要强调的是，做实验是需要持之以恒的，并且不能害怕失败，我也是从大一下半学期开始接触，在各位老师和师兄师姐的帮助下直到大三大四才有了一点点成果，也就是这一点点成果弥补了我考试成绩上的不足，让我最终有机会进入心仪的学校读研。

其次，有些同学可能打算大学毕业后就参加工作，那么你就需要锻炼自己各方面的能力。但我认为，只要你还打算从事与我们材料专业相关或相近的工作，优秀的学习成绩和丰富的实验经历同样是必不可少的。虽然我没有经历过找工作的过程，但听已经参加工作的同班同学的介绍，现在的用人单位看重的同样是你的动手能力和实践经验。所以，还是希望所有的同学都能端正对创新实验的态度，积极地参与。

最后总结一下，很多事只有过来人才能体会，但过来人已经没有机会从头再来一遍。我现在对许昌学院、对材料学院、对研究所、对所有老师和同学的感情就是怀念与感激。大学这四年有可能是你们一生中最充实、学到最多东西的四年，但也有可能是最浑浑噩噩的四年。我希望你们都是前者而不是后者。所以，请各位学弟学妹好好珍惜在许昌学院学习的这四年，抓住材料学院提供给你们最好的机会，利用好研究所提供给你们最优越的条件，相信你的努力会给你最好的回报。

四、实施过程中应注意的几个问题

（一）教师角色的定位

为了保证开放型项目教学法的上课质量及顺利实施，指导教师要转变角色，从“传道授业”转变为“解惑”，不能大包大揽，要从“填鸭式教育”转变为学生为主型的探讨式教学模式。另外，教师为了更好地起到指导作用，也要树立发展和成长思维，通过深入企业，了解企业需求和动向，通过产学研合作增加实践经验，才能满足学生的需求。

在具体工作中，我们通过“博士服务团”或者“校地双百工程”等途径选派教师到企业挂职，不仅加强了“双师型”教师队伍的建设，而且在横向项目研发、企业教授级高工到校授课、学生毕业论文做在企业等方式真正实现了校企合作的深度融合。

（二）上课时间的安排

课堂之外的教学，应根据每个学生的实际情况进行具体安排。许昌学院在最初的项目授课时，主要采取师生自由选择时间的方式进行。为了进一步扩大开放程度，我们专门设置了开放平台实践课程，并添加到培养方案中，通过课表排课，集中时间进行大型仪器操作讲解、材料性能分析测试等线下授课，具体实验操作都分散进行，最终形成了不受时间和空间限制的交流授课模式。

（三）学生能力的提升

在教学过程中应以创新性问题为引导，选择具有针对性的实践开设方案，分阶段分类别实施、给学生自主学习和思考空间，并从沟通交流中对学生进行核心价值观的指引，教会学生成人成才。

许昌学院材料科学与工程专业从理论性与实践性相结合的专业特点构建了“项目引导”实践教学模式，探索了以实践项目和创新平台为依托的分三个阶段实施方案，建立了“导师为主”过程管理以及过程管理与目标管理相结合的管理机制，从教师评价和学生评价、过程评价和结果评价等方面构建了多维度评价机制。“项目引导”实践教学模式实施过程中，注重学生学习能力、管理能力、创新能力的培养。值得注意的是，本实践教学模式实施期限长达两年，学生在与导师的频繁接触和交流过程中，也实现了课程思政教育。

开放型项目教学法以创新性科学问题为引导，以大学生自主创新能力提升为目的，以全方面科学育人为延伸，其目的是激发学生的创新能力，提高人才培养质量，推进人才分类培养模式改革与创新，在实施过程中，提高了学生自主学习能力和自我管理能力，锻炼了学生的独立工作和思考能力，培养了学生的科研团队协助精神，增强了学生科技创新能力，已经成为地方本科高校创新性应用型人才培养的重要途径。让每个学生响应时代的号召，适应经济社会发展需要，成为具有创新精神和实践能力的中国特色社会主义合格建设者和可靠接班人。

案例二　利用“挑战杯”平台培养理工科创新人才的探索与实践

高校各学科中，理工科的教育尤其要求理论与实践并重，发挥大学生“挑战杯”平台在理工科创新型人才培养中的积极作用，符合国家中长期计划和发展战略，对于学生也是大有裨益。

一、“挑战杯”与大学生创新教育

“挑战杯”全国大学生课外学术科技作品竞赛被誉为中国大学生的“奥林匹克”盛会。比赛内容涵盖自然科学类学术论文、社会科学类社会调查报告和学术论文、科技发明制作三大类，是经共青团中央、中国科协、教育部、全国学联、承办高校所在地的联合政府主办，国内知名高校及新闻媒体单位联合发起的一项具有导向性、示范性、群众性的全国范围内的竞赛活动。开放性和课外性的特点决定了它能够全面培养学生的创新能力，自 1989 年首届竞赛举办以来，“挑战杯”始终以“崇尚科学、追求真知、勤奋学习、锐意创新、迎接挑战”为宗旨，至今已成功举办 14 届，吸引了众多高校学子，包括港澳台同胞，是优秀青年人才脱颖而出的创新摇篮、深化高校素质教育的实践课堂，成为引导高校学生推动现代化建设的重要渠道，展示华夏学子创新风采的亮丽舞台①。

随着国际化程度的不断加深，国与国之间竞争力度的不断加大，只有建设创新型国家，才能在沧海横流中成为时代的弄潮儿。“大众创业，万众创新”不仅仅只是一句时髦的口号，而同时国家发展战略目标也要求加强大学生创新能力的培养，尤其是创新人才的培养，在培育人才的过程中，高等学校的重要使命也是高度重视创新意识和创新能力的培养，这一切要求高等学校在人才培养的全过程中将创新意识和创新能力的培养贯穿其中②。

二、理工科人才培养中创新教育的匮乏

理工科的教育尤其强调理论与实践并重，然而现行教育模式显然并不

---

① 初铭畅，张晓芬，郭玉静．基于“挑战杯”平台的大学生创新能力研究［J］．辽宁医学院学报（社会科学版），2012，10（4）：78-80.

② 邹高翔．基于“挑战杯”平台的大学生创新实践能力培养模式研究［J］．学校之窗教育实践（人力资源开发），2014，（9X）：168-169.

符合这一要求。目前课堂教学模式过于传统，传统的教学模式主要表现在三个方面：一是课堂教学为主，课时长，学生独立思考时间少，实践教学的环节比较少，不能很好地发挥学生的主观能动性，弱化学生的动手能力；二是教学手段和教学方法不能很好地吸引学生，无法带动学生积极学习的兴趣；三是考试仅仅以考查记忆性的东西为主，而对于应用性知识点的考查比较片面，考查内容也较为单一①。在基础课的实验教学活动中，实验内容多以演示型、验证型为主，这种方式虽有利于加深学生对课本知识的理解，便于学生记忆，但容易让学生养成懒惰、拿来主义的习惯，扼杀了学生的创造性，无法培养学生独立思考的行为方式，很多理工科学生感慨四年本科毕业了自己还是什么都不会，对走上社会充满茫然，显然这对于学生将来发展以及整个社会未来发展都是很不利的。

三、大学生“挑战杯”平台与理工科创新型人才培养的“合璧”

理工科本身实战模拟化的特点强调在教学中要注重符合时代潮流的创新型人才的培养，而创新这一目标也是“挑战杯”所追求的。“挑战杯”整个竞赛过程能够将高校实践创新的环节融会贯通，其组织模式更是开辟了大学生创新活动的新格局②。因此应积极发挥大学生“挑战杯”平台在理工科创新型人才培养中的积极作用。

(一)“挑战杯”的起点促进理工科人才培养

“挑战杯”在理工科大学生选题、项目申报过程中已开始发挥积极作用。学生需要查阅大量文献了解现行科研热点难点，结合自己兴趣，确定选题。申报书的填写需要很好的文字驾驭能力、大量信息的汇总能力，这一过程充分发挥学生主观能动性，锻炼大学生搜集信息整理数据的能力。

---

① 黄泽龙，余庙，刘璧玉. 大学生科技创新能力综合培养体系的构建——基于“挑战杯”的视角[J]. 吉林省教育学院学报，2015，31(9)：4-6.

② 张群，赵薇. 论“挑战杯”竞赛与工科高校学生创新能力培养[J]. 辽宁工业大学学报(社会科学版)，2011，13(4)：90-92.

同时“挑战杯”全国大学生课外学术科技作品竞赛要求团队参赛，每队至少 3 名队员和 1 名指导教师。这就要求学生具有极大的团队协作能力与沟通能力，唯有取长补短才能使得团队实力实现 1+1>2，而这种能力对于将来走上工作岗位的大学生来说是不可或缺的。近日，第十四届“挑战杯”全国大学生课外学术科技作品竞赛在广东工业大学圆满落下帷幕。经过项目展示、终审答辩、评委评审等环节，我们学校由郑直教授、贾会敏老师等指导，张蕾、王丞相及贾祖孝等五名同学的作品《低温元素直接反应制备异质结光电薄膜及器件》荣获第十四届“挑战杯”中航工业全国大学生课外学术科技作品竞赛三等奖。图 6-11 和图 6-12 分别是张蕾、贾祖孝等 5 名同学参加本届“挑战杯”和获奖证书的照片。本届“挑战杯”全国大学生课外学术科技作品竞赛以“挑战青春万众创新”为主题，由共青团中央、中国科协、教育部、全国学联、广东省人民政府主办，广东工业大学、香港科技大学共同承办。自启动以来，吸引了全国 2000 多所高校，200 多万大学生直接参与，经过层层选拔，有 528 所高校(含香港高校 7 所，澳门高校 3 所)、1569 件作品(含香港高校 58 件、澳门高校 11 件)参加国赛初赛；共有 318 所高校的 783 件作品进入终审决赛，其中包括来自香港科技大学、香港中文大学、澳门大学等 10 所港澳高校的 40 件参赛作品。通过参与本

图 6-11　张蕾等 5 名同学参加“挑战杯”

届“挑战杯”既锻炼了同学们的团队协作精神又培养了他们的创新思维和创造能力。

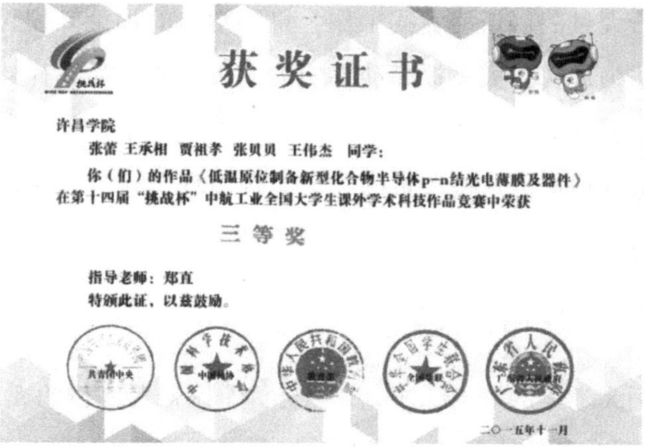
获奖证书

许昌学院

张蕾 王承相 贾祖孝 张贝贝 王伟杰 同学：

你（们）的作品《低温原位制备新型化合物半导体p-n结光电薄膜及器件》在第十四届“挑战杯”中航工业全国大学生课外学术科技作品竞赛中荣获

三等奖

指导老师：郑直

特颁此证，以兹鼓励。

二〇一五年十一月

图 6-12　第十四届“挑战杯”国赛所获证书

此外，我们几乎每年都会组织学生参加“挑战杯”全国大学生课外学术科技作品竞赛，图 6-13 为在 2018 年第十三届“挑战杯”全国大学生课外学术科技作品竞赛中荣获二等奖的获奖证书。

获奖证书

许昌学院

李志莹 薄盈盈 王宇 王承相 张蕾 同学：

你（们）的作品《一步法原位制备铜、锌氧化物半导体光电薄膜材料》在第十三届“挑战杯”全国大学生课外学术科技作品竞赛中荣获

二等奖

特发此证，以兹鼓励。

2013年10月

图 6-13　第十三届“挑战杯”国赛所获证书

(二)创新实践促创新

理工科的“挑战杯”参赛作品要求论文或者模型或者实物展示，这就要求大学生进行大量的创新型实践工作，将课堂上的理论知识付诸实践，化创新性的想法为现实，大大提高动手能力。优秀的作品往往建立在大量失败的尝试中，这要求学生能够坚忍不拔、永不放弃、敢于尝试、肯流汗水，并且，愈挫愈勇。这些宝贵的经历无疑对理工科大学生创新型人才的培养大有裨益。

(三)交流迸发创新火花

作为中国大学生的“奥林匹克”盛会，全国众多高校的人才汇聚一堂，“挑战杯”无疑会开阔大学生的视野，取得学术讲座等科技活动起不到的导向作用。思想的交流和碰撞会擦出创新的火花，以大学生“挑战杯”为平台培养理工科创新型人才会起到意想不到的积极作用。

(四)赛后总结也创新

“挑战杯”赛后总结能够使创新的种子生根发芽。成功的经验，失败的教训，都是点点滴滴的汗水凝成，充分发扬创新精神，引导学生思考、总结，充分发扬创新精神，完成理工科创新型人才培养目标的进一步升华。

四、结语

在这个知识飞速更新、信息大爆炸的时代，高等教育在强化基础知识教育的同时必须加强学生专业课的学习以及创新能力的锻炼，保证毕业后学生能够做到学有所长，术有专攻。而“挑战杯”平台既给了理工科大学生机遇本身也充满挑战，发挥好其积极作用对于培养理工科优秀人才、新世纪接班人，建设创新型国家，全面建成小康社会都有极大的现实意义。

案例三　化学专业本科生创新能力培养的探索与实践

大学化学作为一门实验性很强的学科，具有天生的倡导学生主动参与积极探索培养学生创新创造能力的有利条件。在高校的化学教学中要不断激发学生强烈的求知欲培养学生的创新思维和创造能力造就社会需要的新一代创新型创造性人才。

高校教育的目的都是为了培养学生的才能即培养学生的创新意识、创新思维和创造能力。创新应是大学的办学理念也是一所大学的灵魂。高校教师不仅要传授学生新知识更要培养学生获得知识、运用知识和解决问题的能力即创新和创造能力。古人云："授人以鱼只供一饭之需，授人以渔则终身受益无穷。""鱼"作为系统的科学文化知识是学生追求的目标；"渔"作为掌握知识的技能在当今科技迅猛发展知识不断更新的情况下显得尤为重要。化学是以观察和实验为基础的学科，化学规律的发现和化学理论的建立须以严格的化学实验为基础并得到实验的充分验证。因此在高校化学教学过程中要不断激发学生的求知欲，培养学生的观察能力、动手能力、创新思维和创造能力，提高学生的整体素质。

一、通过课堂教学培养学生的创新意识

在高校的日常化学教学中要注重给学生营造一个和谐、平等的教学气氛，在这样的教学环境中易于拉近师生之间的感情距离，更利于学生勇于发现问题、提出问题并乐于解决问题，这样他们的创新意识自然就得到了培养和发挥①。同时在教学中要注意运用生动活泼、科学有趣的方法培养学生的学习兴趣并鼓励学生大胆幻想、善于幻想，让幻想同创新结合起来培养学生的创新意识②。另外在平时的课堂教学中教师还必须要注重学生

① 赵晓春，米志坚. 化学教学中创新能力的培养[J]. 学问，2009(2)：25-26.
② 吕植祥. 试论化学教学中创新能力的培养[J]. 化学教学，2004(10)：14-16.

对基础知识和基本技能的掌握。如果忽视了这两项那么学生创新能力的培养将会成为无水之源、无本之木。

二、要充分发挥实验教学的作用

陶行知先生说："要创造非你在用脑的时候同时用手去实验；用手的时候同时用脑去想不可，手和脑在一块干是创造教育的开始；手脑全用是创造教育的目的。"实验是知识的源泉，化学是凭借实验发展的科学①。化学实验以其合理的设计方案、严密的科学论证和创造性思维的探索精神为培养和造就学生的创造能力和创新精神提供了广阔的天地。实验是创新之本，大多数发明成果均来自于实验。实验是验证、探索、发现新事物最重要、最可靠的手段。平时观察到的新东西要通过实验来验证，平时发现的奇异化学现象要研讨、要探索就要动手做实验。要培养学生的创新精神就必须使学生具有较强的实验能力。

实验教学中教师要积极引导使学生从内心体验到他们亲自动手实践而带来的喜悦、惊讶和满足感。有意识地把实验所带来的直觉兴趣引导到化学变化的因果关系或对实验本质的研究上来。有目的地激发和培养学生持久的认知兴趣，使之不仅成为做好化学实验的动力，也成为促进学生心理品质良好发展的重要因素。化学实验的中心任务就是培养学生的科学素质及实验工作能力。在实验教学中既要重视学生操作技能的培养又要注重学生科学思维方法的养成。同时也可增加一些实验在技巧上的难度，除做好规定实验外还可增加探索性实验开放实验室，增加实验考核的权重，设计含有新信息的综合实验等，以多种方式来培养学生的实验兴趣。

现在学校越来越注重创新教育，培养大学生的创新精神、创新意识和实践动手能力，提高大学生的人文素养和科学素质。为此学校还设立了创新学分制度。我们表面微纳米材料研究所作为学校的科研机构在培养创新能力方面起到了带头作用。我们作为一个开放的实验室，为化学系和物理

① 王计敏. 化学教学中创新能力的培养[J]. 陕西教育(高教版)，2007(7)：53.

系对科研感兴趣的学生提供了一个很好的实验平台。来研究所做实验的学生都是那些对化学实验非常感兴趣 的学生，我们通过给他们设计一些创新的课题让他们自己进行独立操作，然后结合化学及材料学基础知识分析实验结果，从而提高他们的创新和创造能力。

三、“产学研结合”培养学生的创新思维和创造能力

为了解决高校教学与实践脱离的情况，教育部下发的教高[2007]2 号文件指出：“要加强产学研密切合作，拓宽大学生校外实践渠道，与社会、行业以及企事业单位共同建设实习、实践教学基地。要采取各种有力措施确保学生专业实习和毕业实习的时间和质量，推进教育教学与生产劳动和社会实践的紧密结合。”

产学研合作教育是高校与社会各部门紧密合作，通过一定的组织形式将理论学习与实践训练相结合，培养学生实践能力和创新精神，全面提高学生素质的一种新型的教育模式①。实施产、学、研结合为学生创新能力的培养搭建了平台。化学作为一个实验型、研究型学科，更要注重产学研相结合。我们每年都会和一些化工厂、企业签订合作协议，比如豫辰化工厂、黄河旋风、钧瓷研究所等，帮助他们进行科研创新改良技术。同时这些企业承担我们学生的实习、指导学生科研，让学生利用假期亲自深入车间实习，既培养了学生的动手能力，加深了对所学知识的理解，更重要的是激发了学生的学习欲望，培养了学生的创新创造能力，使得我们的学生能成为社会急需的创新型、创造型人才。(图 6-14 为武玺旺博士在黄河旋风指导学生科研的照片。)

四、结语

我们作为高校的化学教师，要在化学课堂教学中、化学实验中及实践

---

① 张晓芬，佟会文，徐晓春. 产学研相结合——培养创新型人才的有效途径[J]. 辽宁工业大学学报(社会科学版)，2009，2(11)：56-58.

活动中激发学生强烈的求知欲，启迪学生的学习兴趣，时刻注重培养学生的动手能力、创新思维和创造能力。创新创造能力的培养是教育发展的一种必然要求，能让我们的学生终身受益。

图 6-14　武玺旺博士在黄河旋风指导学生科研

案例四　大学生化学创新实验教学模式探索与实践

教育部自 2007 年实施“国家大学生创新性实验计划”以来，各级各类教育管理部门和各高校积极探索研究性学习教学改革，形成了创新教育的氛围。当前，在科教融合的大背景下，以导师制为基础，依托科研创新训练项目培养大学生创新实践能力，强化科研与教学协同育人的教育理念已成为高校创新人才培养的重要形式。由此，如何强化科研与教学的有机深度融合，充分发挥科研反哺教学的积极作用，提高大学生创新素养提升是地方本科高校亟待解决的问题。本研究以大学生化学创新实验教学模式探索与实践为例，全面阐述怎样开展大学生的创新实验？注意哪些关键程序？进而揭示地方高校在科教协同育人方面存在的问题，并论述解决问题的路径。

一、化学创新实验实施程序

化学创新实验不同于化学实验教学中的实验环节。化学实验教学中主要实施演示型、验证型实验，强化学生对知识的直观感受和巩固理解，对学生实践动手能力有一定的要求，但对运用知识全面分析和解决问题的能力要求不高，缺乏综合性、设计性和创新性。而化学创新实验是导师依托科研创新项目，将化学学科前沿知识设计成创新实验，引导学生开展研究性学习，充分调动学生学习的积极性、主动性、创造性，激发学生创新思维和创新意识，提高其动手能力和创新实践能力，培养学生科学研究与发明创造的能力。因此，依托科研创新项目开设化学创新性试验对创新人才培养目标的实现意义重大。

依托科研创新项目开展的大学生化学创新实验虽然属于浅层次的、训练性的科学研究，但要取得成效，就必须严格遵循科学研究的一般法则，分为以下六个步骤进行。

（一）在资料搜集基础上选题

选题是科研中的首要问题，是科研工作的起点，在一定程度上反映着科学研究的新颖性和科学性，也将决定着科研成果的水平和价值。研究灵感既可以来源于理论知识又可以来源于社会实践，选题主要在前期研究成果的基础上进行，要注意研究课题选取的创新性、可行性和前沿性。首先，收集资料。要在掌握文献查阅和收集的科学方法、数字化检索方式以及相关数据库信息基础上，对收集到的材料作全面的阅读研究，主要的、次要的、不同角度的、不同观点的都应了解。第二步，将收集到的资料进行梳理、筛选、判断。如：系统介绍有关问题研究发展概况的资料；对某一个问题研究情况的资料、对同一问题几种不同观点的资料、对某一问题研究最新的资料和成果等。第三步，进行文献综述。在文献梳理的基础上，从不同角度对现有文献进行全面深入地分析和研究，把握课题研究现状、发展趋势以及尚待解决的问题等。第四步，提出研究假设。研究假设一般由理论推测得来，是对拟开展课题提出的预期研究结果。因此，依据研究假设，可以确定研究对象、研究方法等，拟定研究路径。第五步，制订研究方案。主要涵盖以下内容：准确表述研究问题和分解研究问题、确定研究方法、拟定研究计划、统筹安排经费及分工等。

（二）确定研究方案，填写创新实验项目申请书

在确定选题后，需填写创新实验项目申请书。《申请书》中除了要求填报研究内容、研究方式以外，还要求充分论证项目实施的可行性。申请书内容包括：实验题目；实验的理论依据（实验研究的目的意义、实验原理、主要参考文献等）；实验方案（实验目标、实验内容和关键问题，拟采用的实验方法、技术路线及可行性分析，实验时间安排等）；实验基础要求（实验材料、仪器设备、试剂及配制等）；项目组人员等。通过填报创新实验项目申请书，引导学生了解科研课题申报的必要程序，锻炼学生阐述自己的创新思想和设计方案的语言和写作能力，从而促进学生综合归纳能力的提升。《申请书》填写完毕后，由学生所在二级学院依据学生选题方向统筹安排指导老师审核给出评审意见。

（三）选题评审

为确保让学生在真实的科学研究环境下进行创新实验，提高创新实验的科学性和成功率，指导老师会在学生实施创新实验前，依据《申请书》对学生选题进行筛选。主要分为以下三个步骤进行：老师初审、学生修改、改创新实验项目负责学生汇报答辩。汇报答辩时，项目负责学生需要在限定时间内陈述自己的选题、研究假设及设计方案、实施路径。随后，在场学生和老师围绕有关问题进行提问和探讨。最终由导师组确定该创新实验项目能否通过筛选实施。在此过程中，不仅可以帮助学生理清研究思路，解决设计方案中存在的问题，而且可以拓宽学生研究思路，有利于学生科学思维和创新意识的培养和语言表达能力及综合运用能力的锻炼。

(四)实验实施

创新实验项目的实施坚持以学生为主体，教师为主导。学生按照自己设计的实验步骤和实验安排，在老师的指导帮助下有条不紊地实施。实验过程中，导师引导学生认真学习仪器设备使用及操作流程，细致观察实验变化，详细记录项目实施全过程。实验过程中，可能会遇到意想不到的突发状况及异乎寻常的实验结果，学生将在导师指引下分析查找原因，探索并找到解决问题的有效方法。创新实验实施的过程是学生将所学理论应用于解决现实问题的过程，能有效促进学生实践动手能力，独立分析问题和解决问题能力的提升。

(五)总结讨论

创新实验项目结束后，二级学院将组织学生进行期中汇报，先由学生对实验的过程和结果进行阐述，再由导师组成员或其他学生对其汇报内容提问研讨。研讨内容主要围绕文献查阅及梳理情况、背景知识、研究思路与技术手段的实践情况、操作流程与实验结果等。讨论后，导师组成员将对每一个创新实验项目进行点评。期中汇报的主要目的是帮助学生在下一阶段的研究中树立信心，激发学习的积极性、主动性、创造性，唤起学生进行科研创新的热情，培养他们的创新精神和实践能力。

(六)完成实验作品

按照人才培养方案的要求，学生创新实验项目需要有研究成果支撑，要求学生在前期实验基础上撰写一篇学术论文。学生在导师指导下在完成学术论文的过程中，既能充分体会科研成果带来的较高的自我效能感，又将为以后论文写作打下良好的基础，提升科研水平。根据学生撰写论文的质量，导师对于选题新颖、有较高学术水平的论文成果，推荐发表或申报科研奖项。

二、初步实践成效

2007 年至 2013 年，我们依托许昌学院表面微纳米材料研究所和化学化工学院试点单位，探索实施了以大学生化学创新实验项目为依托的创新人才培养模式改革。2014 年起，我们在总结多年改革实践经验的基础上，以许昌学院新材料与能源学院为试点，构建了 OPCE 创新人才培养模式，全面修订了人才培养方案，在创新实验项目基础上正式设置了开放平台实践课程。该课程从第三学期开始，延续 4~6 个学期，以开放的项目管理形式开展教学活动，通过向学生开放实验实训平台，引导学生以小组合作的形式独立自主完成教师设定的项目研究，优秀学生可全程参与教师的横向科研课题或校企合作产品研发工作，并将研究成果转化为科技论文、专利或毕业设计。该课程育人效果显著，年均受益 4000 余人。图 6-15 和图 6-16 分别为郭守杰老师和李彩霞博士指导学生从事科研课题研究的照片。自 2016 年以来，全校理工科学生获得省级以上学科竞赛奖励两千余项，每百名学生获奖数年均增幅为 53%。

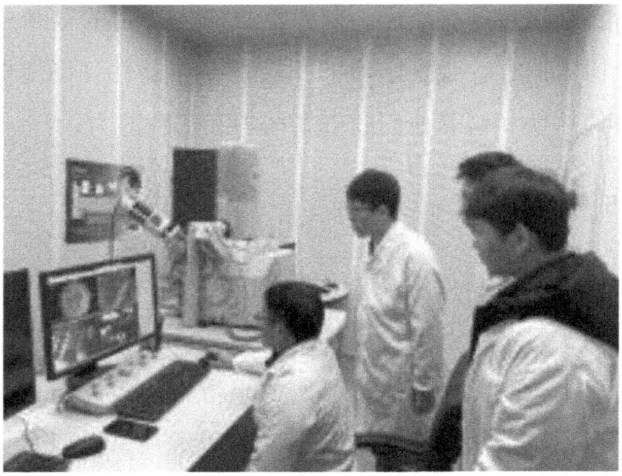

图 6-15　郭守杰老师指导学生从事科研课题研究

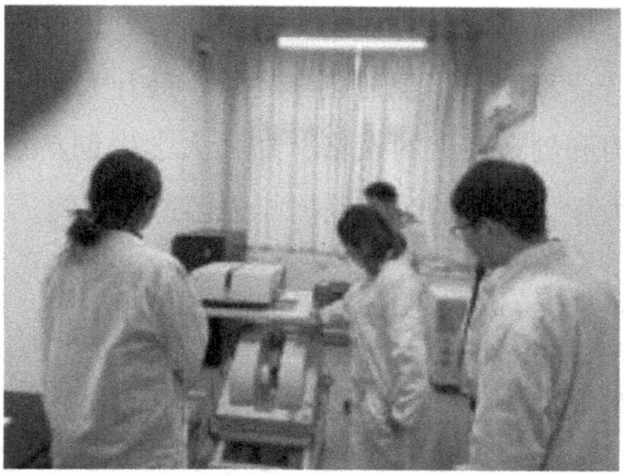

图 6-16　李彩霞博士指导学生从事科研课题研究

三、结语

科教融合是创新人才培养模式的新路径，更是深化教育体系改革的重要方向。为更好地提升课堂教学质量和人才培养质量，我们要建立健全科研成果转化为教学资源的有效机制，鼓励教师通过科研项目和大学生创新创业训练计划项目等，将科研成果编入教材、带入课堂、融入项目，使最新前沿成果和知识惠及学生，激发学生对科学研究的兴趣爱好，积极主动地开展研究性学习，促进学生创新性思维和能力的提升，从而实现学生全面发展。

案例五　化学工程与工艺专业学生创新能力提升模式探索与实践

以信息化为特征的第四次工业革命，正在引领传统产业升级，化学工业也不例外，正在向着化学工艺绿色化、装置智能化、产品高端化方向发展。在这个由劳动密集型原料工业向着知识密集型工业发展阶段，急需高等学校培养一大批化学工业创新型人才，通过学校、企业、科研部门等多渠道优化组合教育资源，帮助大学生树立创新意识，激发创新精神，夯实创新知识和技能，提高创新能力，使大学生具有开创性的个性人格，成为未来新型企业、产业和职业岗位的创造者①，提升大学生在未来生存发展中抵抗风险的能力和健全完善的人格，加强大学生创新意识，提升大学生创新能力，增强大学生个人的生存发展能力已迫在眉睫。

一、创新能力提升模式的构建

创新能力应从创新意识与精神、创新思维和方法以及创新能力所具备的知识和技能三个层面着手培养。逐步培养学生的创新能力，阶梯式提升大学生的创新能力。创新能力提升模式如图 6-17 所示。

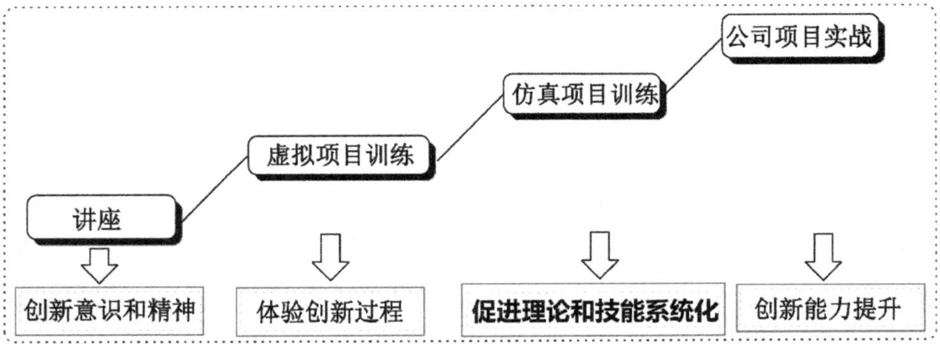

图 6-17　创新能力提升模式示意图

二、创新能力提升途径

创新意识是创新的起点，且贯穿于创新的全过程。因此，激活大学生的创新意识对于培养创新能力具有十分重要的意义。

(一)持续开展创新讲座，培养学生的创新意识和精神

与高薪技术企业、工程研究院所、高校建立长期合作和学术交流。定

① 王艳芳. 大学生创新创业素质培养的探索与实践[J]. 中国校外教，2011(1)：9.

期安排企业研发工程师、知名教授、研究员、本校教师开展系列技术创新艰辛过程分享讲座，讲述企业技术创新的真实案例，培养学生的创新意识和精神。每学期举办 2 次以上创新讲座，持续到大学毕业，每生听创新讲座不得少于 16 次。

图 6-18 企业课程讲座课堂(1)

图 6-19 企业课程讲座课堂(2)

(二)虚拟项目训练，体验创新过程

选取一些工艺流程难易适中的产品作为学生创新训练项目，运用所学知识对项目进行生产工艺设计。坚持优化资源、节约环保、操作安全的设计理念。在创新活动体验中唤起学生的创新意识和创新精神。

参训对象：大学二年级本科生，以组为单位参训。每组 5~6 人组成，设队长 1 名，指导教师 1~2 名。指导教师主要负责为小组同学讲解现有产品生产工艺、生产工艺的创新点及未来产业发展方向等内容；然后指导教师指定项目，在指导教师的指导下完成，并要求学生学习文献检索与综述，在项目设计过程中发现、分析与解决问题等方面进行小组分工、协同训练，提交设计方案；指导教师与小组成员面对面点评设计的优缺点，并

图 6-20 2016 级化工专业学生化工设计活动专家辅导现场

图 6-21 郑直教授指导学生进行虚拟项目训练

要求小组及时完善设计方案。最后，小组成员自由题目设计训练，一人一题，由学生独立完成设计并提交设计方案，指导教师批阅设计方案的合理性、可行性并反馈评价意见。掌握小组每位学生对创新意识的理解程度。

(三)仿真项目训练，促进理论、知识和技能系统化

化工仿真技术是以计算机仿真软件为平台，以真实的工厂单元及工段为背景，以仿真机为工具，用实时运行的动态数学模型来模拟真实的带有控制点的设备和工艺流程实际操作。它是计算机在化工生产中的应用，也是化学工程与工艺专业岗前培训最理想的途径之一①②。对化学工程与工艺专业学生理解基础理论、基础知识和基本技能及其系统化具有十分重要的作用。

图 6-22　生产实训操作训练场景

许昌学院选用氯乙酸生产工艺实训模拟平台，对化学工程与工艺专业学生进行氯乙酸生产工艺设计、生产操作训练，训练教学的程序为：

① 凌朝晖. 新型化工仿真实训装置[J]. 科技风，2009(8)：250.

② 时光霞，刘郁. 以化工仿真实训为平台提升学生专业素养[J]. 中国现代教育装备，2012，137(1)：102-104.

图 6-23　生产实训操作训练场景

(1)仿真训练前，指导教师通过讲解工艺流程、主要设备结构、操作要领及注意事项，现场演示，让学生熟悉工艺流程、操作设备、控制系统、开车规程；(2)仿真训练，以小组为单位，每组 6~8 人，设组长 1 名，分组进行独立操作。组长配合指导教师管理本组日常训练、教学秩序并指挥安全生产操作。首先，小组根据指导老师的现场演示进行单元工艺模块的生产操作。要求小组协同演练，各单元要会开、停车，对训练工程中设置故障能排查运行故障并进行检修。(3)单元操作训练完成后，小组成员能进行氯乙酸生产工艺的全程操作。(4)小组交流讨论，通过小组汇报、讨论等形式，分析并提出训练过程中遇到问题的解决方案。(5)指导教师点评，最后学生按照考核标准，准时到达指定位置进行操作考试并在线评定考核成绩。

(四)公司项目实战，提升创新能力

2015 年，许昌学院成为首家省市共建的转型发展试点高校，并入选河南省首批示范性应用技术类型本科院校。学校有良好的产、学、研合作基础，丰富的校内外实践教学基地。结合生产实习、毕业设计环节，选派学生深入校外产、学、研实践教学基地，进行 2~10 个月的公司研发实战训练。具体操作方法，项目来源于实践教学基地企业真实项目，充分挖掘产、学、研实践教学基地师资力量对学生进行指导，为学生配备企业指导教师1名，企业导师主要负责实践能力指导，制定项目研发过程训练内容、基本标准。另外配备1名校内指导教师，协助项目理论指导与答疑，梳理项目选题意义、用到的基本原理、解决问题的基本思路与方法等。做到“扶上马、送一程”，逐步提升学生的创新能力。以期实现学生在校学习与就业或继续深造无缝对接。图6-24为校外实践教学基地指导教师指导学生开展项目训练和毕业论文工作。

图6-24 实习基地创新能力提升训练活动

三、创新能力提升模式特征

(一)由虚到实，递进式提升

由虚拟项目训练和仿真项目训练到公司实战项目训练。递进式提升学生的创新能力。即“虚拟项目训练”为虚的概念，“校内仿真项目训练”则定义为“虚实结合”的概念，“实践基地项目实战”发挥的则是“实”的作用。

该创新能力培养模式符合循序渐进的教育规律，通过由虚到实，由实训到实践，递进式推进，建立“认知—理论—体验—实践”的符合认知规律的模式，让化学工程与工艺专业学生真实体验项目训练过程感受，深入基地教学实践，提升学生的创新能力，以期实现学生学校学习与企业需求无缝对接。

(二)全程监控，通关式教学管理

教学质量监控与保障体系是全面提高教学质量的根本保障。该创新教学模式采用全程教学质量监控，模块化考核管理，重视学习过程、强调能力提升。全程分为四个模块，即化学化工知识与技能模块为第一模块，专业主干课程考试合格以上且技能操作考核规范的学生方可进入第二模块学习；虚拟项目训练模块为第二模块，也叫专业创新过程体验模块，通过三名以上高级职称专业教师评判学生是否具有一定创新基础和技能，具备开展项目训练水平的学生方可进入第三模块学习；第三模块为仿真训练模块，也叫专业基本原理、知识和技能系统化模块，通过两名专业训练指导教师评定学生是否具有运用所学知识解决实际问题的意识、岗位责任和协助能力，具备运用所学知识解决实际问题的意识、较高的职业道德和创新精神的学生方可进入第四模块学习；第四模块为企业项目实战模块，也叫理论与技能提升模块，有强烈创新愿望和能力的学生选派到校内外公司开展项目实战，该模块的考核由公司绩效评定成绩。

(三)从校园走向社会

高校人才培养的核心任务是培养合格的专业人才，即符合社会需要的人才，走出学校后能够快速适应社会的人。人才培养应避免从书本知识到书本知识的灌输，强化学生专业基本原理、知识和技能系统化训练。在人才培养过程中，尊重教育规律，注重教育方法。让学生在学习和实践中感受创新过程，激发学生的创新意识、体悟社会责任意识、创新方法，逐步养成创新思维。教会学生在学习知识时能从书本到实践，即学会在汲取知识的过程中运用理论、知识和技能解决实际问题，即“知识颗粒凝聚、知识板块重组、知识领域延伸、知识的金字塔渐高渐起”①。积极引导学生在实践中深入企业一线、洞察行业发展、发现行业问题、技术难题，增强创新意识，提升创新能力。

四、结语

创新能力提升过程是一个激发创新意识贯穿全过程、在实践中促使学生理论与技能逐步系统化的提升过程。该创新能力提升模式具有较强的针对性、实战性和系统性，在工科学生创新能力、综合能力培养中取得了显著成效，探索出了一条地方高校工科专业学生成长的特色实践教学路径，在地方高校的实践教学改革中，具有可操作、可复制的价值。

① 邵龙宝. 创造型人才的素质特征与创造力培养[J]. 教育探索，2003(4)：10-11.

参 考 文 献

[1]耿亮，黎加厚. 丹尼尔·平克的后信息时代观及其教育启示[J]. 上海师范大学学报(基础教育版)，2009，38(5)：9-12.

[2]谢俊贵. 信息社会之变：大数据催生创意社会[J]. 广东社会科学，2016 (5)：185-195.

[3]安世遨. 知识观的嬗变与教育管理变革[J]. 教育理论与实践，2015，35(10)：17-21.

[4]鲁子箫. 智能时代的教学知识观[J]. 当代教育科学，2020(12)：24-29.

[5]中共中央国务院. 国家中长期人才发展规划纲要(2010—2020)[EB/OL]. https://baike.so.com/ doc/6433018-6646695.html,2010-6.

[6]中华人民共和国教育部. 教育信息化 2.0 行动计划(教技〔2018〕6号)[EB/OL]. https://baike.so.com/doc/28111311-29521499.html,2018-4.

[7]熊卫华. 从适应性教学观到发展性教学观：大学教学观的应然转向[J]. 中国高教研究，2011(7)：91-93.

[8]赵炬明. 论新三中心：概念与历史——美国 SC 本科教学改革研究之一[J]. 高等工程教育研究，2016(3)：35-56.

[9][英]查尔斯·斯诺. 两种文化[M]. 陈克艰等，译. 上海：上海科技出版社，2003.

[10]赵炬明. 打开黑箱：学习与发展的科学基础(下)[J]. 高等工程教育研究，2017(4)：30-46 (36).

[11]王美倩等. 后信息时代教育实践的具身转向——基于哲学、科学

和技术视角的分析[J]. 开放教育研究，2020，26(6)：69-76.

[12]赵炬明. 打开黑箱：学习与发展的科学基础(上)[J]. 高等工程教育研究 2017(4)：31-52 (37).

[13]韩延明. 大学理念论纲[M]. 北京：人民教育出版社，2003.

[14][美]安德森等. 布卢姆教育目标分类学(修订版)[M]. 北京：外语教学与研究出版社，2011.

[15]李海峰. 后现代视域中大学生创新能力培养路径研究[J]. 教育评论，2016(2)：92-94.

[16][英]约翰·丹尼尔. 高等教育：对创新开放吗?. 黄丹青，译[J]. 中国远程教育，2012(8)：14-18.

[17]王美倩等. 后信息时代教育实践的具身转向——基于哲学、科学和技术视角的分析[J]. 开放教育研究，2020，26(6)：69-76.

[18][美]戴尔·申克. 学习理论(第6版)[M]. 上海：华东师范大学出版社，2012，236.

[19][法]涂尔干·E. 教育思想的演进[M]. 李康译，上海：上海人民出版社，2006，78.

[20]赵炬明. 聚焦设计：实践与方法(下)美国"以学生为中心"的本科教学改革研究之三[J]. 高等工程教育研究，2018(3)：29-43.

[21]李爱良. 大学开放发展的历史、动力和未来[J]. 湖南师范大学教育科学学报，2020，19(3)：109-115.

[22]陈亮. 以学生创新发展为核心的一流本科教育建设[J]. 吉首大学学报(社会科学版)，2020，41(2)：68-70.

[23][美]约翰·D·布兰思福特等. 人是如何学习的[M]. 程可拉等，译. 上海：华东师范大学出版社，33-50.

[24][美]莫琳·希凯. 深度思考：不断逼近问题的本质[M]. 孔锐才，译. 南京：江苏凤凰文艺出版社，2018.

[25]胡天立，等. 以提升参与度为导向的本科生创新能力培养模式探索与实践[J]. 教育教学论坛，2020(2)：204-205.

[26]习近平. 努力成为世界主要科学中心和创新高地[J]. 求是，2021(6)：4-11.

[27]陈伟，易芬云，吴世勇. 新工科人才培养的目标逻辑和过程逻辑[J]. 高教探索，2020(10)：42-48.

[28]张吉军. 新工科背景下大学生就业能力提升路径探索[J]. 黑龙江高教研究，2018(5)：130-133.

[29]盖江南，赵自强，姜广峰. "大化工"工程创新人才培养新模式的探索与实践[J]. 高等工程教育研究，2016(2)：95- 98.

[30]张海生，张瑜. 多学科交叉融合新工科人才培养的现实问题与发展策略[J]. 重庆高教研究，2019(6)：81-93.

[31]林健. 面向未来的中国新工科建设[J]. 清华大学教育研究，2017(2)：26-35.

[32]谢克昌. 创新型工程科技人才的培养[J]. 宁波大学学报（人文科学版)，2010，23(3)：1-5.

[33]潘懋元. 应用型人才培养的理论与实践[M]. 厦门：厦门大学出版社，2011，39.

[34]孙小军. 高校大学生创新能力的培养策略研究[J]. 高等教育研究，2015(3)：61-63.

[35]郑直. 应用型本科院校学生创新能力培养的内涵与路径[J]. 社会科学家，2016(12)：114-118.

[36]李培根. 工程教育需要大工程观[J]. 高等工程教育研究，2011(3)：1-3.

[37]李培根. 新工科何以为新[J]. 高等工程教育研究，2017(4)：1-4+15.

[38]李友生，曹雅萍. 创新语境下高校人才培养的思考[J]. 中国高等教育，2010(5)：43-44.

[39]郭建如. 高校人才培养改革对大学生创新能力的影响[J]. 高等教育研究，2020(7)：70-77.

[40]李宁，等. 合作学习视域下我国大学生创新能力构建[J]. 江苏高教，2020(1)：94-101.

[41]孙苏. 本科生科研：意蕴、价值与制度化路径——基于美国的经验[J]. 江苏高教，2018(7)：66-69.

[42]汪育文. 深耕一流本科教育中的本科生科研：加州大学欧文分校的启示[J]. 重庆高教研究，2020(3)：89-100.

[43]顾礼松. 试论工程技术创新的概念[J]. 东南大学学报(哲学社会科学版)，2006(12)：53-55.

[44]居里锴，等. "大工程观"下工程实践教学改革的探索与实践[J]. 中国大学教学，2013(10)：68-70.

[45]许为民，张国昌. 应用型创新人才培养问题[J]. 中国高教研究，2007(6)：63-65.

[46]贾晓红. 地方院校理工科学生创新能力培养的"OPCE"体系构建与实践[J]. 中国高等教育，2021(18)：57-59.

[47] 刘广平，陈立文，李嫄. 国外基于项目式学习的教学模式研究述评[J]. 高等建筑教育，2014(4)：44-48.

[48]宋娟. 寓学于行的创新实践课程设计[J]. 中国高校科技，2012(1-2)：105-106.

[49]吴金星，王晓，王保东，等. 教师科研项目是强化实践教学和培养创新能力的良好平台[J]. 大学教育，2014(1)：97-100.

[50]朱媛媛，陈智慧，曲婕. 新能源材料专业实验教学的实践与探索[J]. 产业与科技论坛，2013，12(2)：157.

[51]中共中央国务院. 深化新时代教育评价改革总体方案[EB/OL]. 中华人民共和国中央人民政府官网，http://www.gov.cn/zhengce/2020-10/13/content_5551032.htm

[52]陈建国. 打造校地校企合作"许昌模式"[J]. 中国高等教育，2016(23)：33-35.

[53]杜根远，马洪伟. 以科研创新助推高水平应用型大学建设[EB/

OL]. https://www.xcu.edu.cn/info/1191/21675. htm, 2020-11-06

[54]朱守信, 杨颉. 高等教育质量问责的能力限度: 问题与出路[J]. 教育科学, 2014(3): 61-65.

[55]刘献君, 吴洪富. 人才培养模式改革的内涵、制约与出路[J]. 中国高等教育, 2009(12): 10-13.

[56]何颖, 蒋鲲, 吴华洋, 等. "四融合"人才培养模式的构建[J]. 中国高等教育, 2016(7): 33-35.

[57]薛勇. 产教深度融合: 高校人才培养模式的制度生成[J]. 中国高等教育, 2020(10): 58-60.

[58]顾佩华, 李昇平, 沈民奋, 等. 以设计为导向的 EIP-CDIO 创新型工程人才培养模式[J]. 中国高等教育, 2009(Z1): 47-49.

[59]林健. 注重卓越工程教育本质 创新工程人才培养模式[J]. 中国高等教育, 2011(6): 19-21.

[60]马万民. 高等教育人才培养质量评价模型研究[J]. 中国软科学, 2008(8): 153-156.

[61]翁伟斌, 徐立清. 应用型本科人才培养质量标准的制定[J]. 中国高等教育, 2018(17): 16-19.

[62]王寒, 王富强. 基于 HACCP 的水务工程专业人才培养质量控制研究[J]. 华北水利水电大学学报(社会科学版), 2019, 35(1): 68-74.

[63]王健, 陈晓燕. 基于 QFD 模型的应用型人才培养质量控制模式设计[J]. 江苏科技信息, 2019, 36(20): 64-67.

[64]戴小梅. 云南高校本科人才培养质量保障 QFD 模型构建及对策研究[D]. 昆明理工大学, 2018.

[65]吴国玺, 李中轩. 新型高校"四维一体"实践教学体系的构建[J]. 大学教育, 2017(8): 153-154.

[66]王一萍. 项目教学法在《电子技术基础与技能》中的应用[J]. 科技向导, 2014(8): 312.

[67]岑岗, 林雪芬. 开放型项目教学的研究与实践[J]. 浙江科技学院

学报, 2010, 22(5): 375-380.

[68]初铭畅, 张晓芬, 郭玉静. 基于“挑战杯”平台的大学生创新能力研究[J]. 辽宁医学院学报(社会科学版), 2012, 10(4): 78-80.

[69]邹高翔. 基于“挑战杯”平台的大学生创新实践能力培养模式研究[J]. 学校之窗教育实践(人力资源开发), 2014(9X): 168-169.

[70]黄泽龙, 余庙, 刘璧玉. 大学生科技创新能力综合培养体系的构建-基于“挑战杯”的视角[J]. 吉林省教育学院学报, 2015, 31(9): 4-6.

[71]张群, 赵薇. 论“挑战杯”竞赛与工科高校学生创新能力培养[J]. 辽宁工业大学学报(社会科学版), 2011, 13(4): 90-92.

[72]赵晓春, 米志坚. 化学教学中创新能力的培养[J]. 学问, 2009(2): 25-26.

[73]吕植祥. 试论化学教学中创新能力的培养[J]. 化学教学, 2004(10): 14-16.

[74]王计敏. 化学教学中创新能力的培养[J]. 陕西教育(高教版), 2007(7): 53.

[75]张晓芬, 佟会文, 徐晓春. 产学研相结合——培养创新型人才的有效途径[J]. 辽宁工业大学学报(社会科学版), 2009, 2(11): 56-58.

[76]王艳芳. 大学生创新创业素质培养的探索与实践[J]. 中国校外教, 2011(1): 9.

[77]凌朝晖. 新型化工仿真实训装置[J]. 科技风, 2009(8): 250.

[78]时光霞, 刘郁. 以化工仿真实训为平台提升学生专业素养[J]. 中国现代教育装备, 2012, 137(1): 102-104.

[79]邵龙宝. 创造型人才的素质特征与创造力培养[J]. 教育探索, 2003(4): 10-11.

[80]鞠志宇. 地方高校化工专业学生创新创业能力提升模式探索[J]. 化学教育, 2016(4): 52-55.

[81]郭珊珊, 李静. 浅论中国特色应用技术大学办学理念——以地方高校转型发展为视角[J]. 许昌学院学报, 2017, 36(1): 139-142.

[82]张艳鸽，李品将，郑直. 地方本科院校新建工科专业学生创新能力培养模式的探讨[J]. 中国校外教育，2014(30)：18.

[83]何伟伟，桑君，贾会敏. 浅谈《创新与实践》课程开设的必要性[J]. 广州化工，2011，39(24)：170，178.

[84]李慧娜，平源. 项目驱动下的大学生创新创业教育模式设计[J]. 吉首大学学报(社会科学版)，2018，39(S1)：184-186.

[85]贾会敏，张贝贝. 创新型教学模式在理工科人才培养中的应用[J]. 广州化工，2016，44(3)：150-151.

[86]张艳鸽，郑直，崔占奎. 开放平台对大学生创新实践能力培养的实践[J]. 课程教育研究，2015(24)：4.

[87]高远浩，郑直，贾晓红，李静. 大学生化学创新实验实施程序的探索与实践[J]. 中国科教创新导刊，2010(28)：30.

[88] 贾会敏，赵红晓. 高校化学教学中如何培养学生的创新创造能力[J]. 广州化工，2010，38(1)：214-215.

[89]张艳鸽，黄保军，郑直. 材料科学与工程专业开放型项目教学法的探索与实践[J]. 广州化工，2015，43(1)：195-196.

[90]何伟伟，贾会敏. 浅谈"挑战杯"平台对理工科创新人才培养的作用[J]. 广州化工，2016，44(13)：181-182.

[91]赵红晓，郭珊珊，李静. 在科研工作中培养大学生的科研创新能力[J]. 教育教学论坛，2012(36)：41-42.

[92]李静，贾晓红，郭珊珊. 创新实践类课程能力导向的教学评价体系构建[J]. 许昌学院学报，2017，36(5)：144-147.

[93]高远浩，蔡拓，钞春英，郭珊珊. 应用型地方高校实践教学基地建设质量评价指标体系的构建与实践[J]. 当代教育实践与教学研究，2019(20)：181-183，205.